宿州历史文化丛书

宿州景观

周　勇 / 著

宿州市档案局（馆）
宿州市地方志办公室 / 编

合肥工业大学出版社

前　言

从获得编写任务至交稿，历时一年零五个月，笔者主要利用春、秋季的周末，骑行经过书中提及的几乎所有景观地，得到很多直观感性的认识，但犹豫间，本书还是没有按照惯常的传说与导游说明的形式编写，而是注重依据史志诗文等文献资料，考察与梳理其历史面目，再根据所记对象的不同，施以不同的行文风格，进行一种历史的、生态的和诗意的追寻。虽未必能鉴今，庶几能稽古。由于不同景观间性质与可稽资料多寡的不同等原因，篇幅有时差异也较大。一区四县景观的编排顺序，大致是同县（区）的聚为一个区块。

还有一些温馨而秀美的景观，由于种种原因，这次未单独收入本集，如东距徐树铮墓不远的新石器人类小山口遗址；埇桥区时村与解集之间的鲁营，其小山宁静，传说悠久，附近有不太为人所知的子贡山会盟台。埇桥区曹村镇三环村的“树驮桥”，景观虽小但却聚合了一段历史与传说。还有灵璧已经建成的植物园与埇桥区建设中的植物园等。留待以后再加以编写整合。截稿后，笔者又注意到一些新的诗文资料，也有待以后加以甄别和利用。

感谢宿州市档案局（馆）地方志办公室给予的调研平台；感谢宿州学院文学与传媒学院院长孟方的支持、引荐，使得笔者作为宿州学院的一名普通教师，能有机会较深入地认识宿州这片厚土的山水景观。感谢宿州市档案局局长王伟对这一文化项目的继续支持。宿州学院文学与传媒学院孟方老师、宿州学院外国语学院董玉清老师，也承担了本书的部分编写工作。

目　录

灵璧张氏园亭

张氏园亭因为苏轼的散文《灵璧张氏园亭记》而闻名。

元丰二年（1079）二月，苏轼“自彭城移守吴兴”，《苏轼年谱》中提到他此行的行迹是：“抵南都，见张方平，晤弟辙。晤僧应言，言有功东平。晤吕熙道。留半月。”“别弟辙，二十七日，至灵璧镇。”① 北宋之南都，即今之商丘，因此，苏轼系从商丘沿汴河舟行三日，至灵璧。

灵璧张氏园亭，即苏文忠轼所为记者也。或云凤仪门外，凤山之下；或云鹿鸣门外。记称古汴之阳，亦无实指。今张氏子姓，衣冠世族，犹多贤者，相继为乡贤，云在西是。（康熙《灵璧县志》卷一《方舆志·古迹》）

张氏园亭的方位并不难考证，这段文字虽表明康熙《灵璧县志》中已不能确考其所在（看来在那时就几乎荡然无存了），但大致说了两个方位：一是在县城西门凤仪门外，一是在县城东门鹿鸣门外，两处均在古汴河河道的流径近旁，而且当时的张氏后代亦“云在西是”，即认为故址在西门外。

灵璧故城城址的定位比较容易，因为护城河仍在。还可以进一步参考正学书院的位置，康熙《灵璧县志》卷五《正学书院》曰：“书院建于城内东南。万历中，知县钟大章营置以训诸生。都宪邹公元标有碑记。”时至今日，其古建筑遗迹仍较好地留存于今灵璧中学（以前的灵璧二中）院内，因此，灵璧中学一带即过去故城的东南隅，稍加踏察，这一方位相对护城河的位置，亦不言自明。

---

① 孔凡礼著．苏轼年谱（上）［M］．中华书局，1998：431、432。

而据康熙《灵璧县志·城池图》，灵璧城大体是一个正方的布局，四个城门均约在每边的中部。因此，西门的大体位置也比较好推算。

据康熙《灵璧县志》卷一《方舆志·城池》："辛未夏（1511，明正德六年），知县陈伯安受事之初，流寇杨虎等掠近淮甸，方议循故址而城之，为守御计。……遂伐石为垣，陶甓为堞。……周回六里。……护城有河，为广二丈，为深八尺，其旋八里有十步。"

明代一里为一百八十丈，一丈为十尺，明代一尺的长度大约为 0.327 米，一丈约等于 3.27 米，一里约等于 588 米。《灵璧县志》里城墙的周长和护城河的周长，显然有一个数据是错误的，因为如果这样算来的话，城墙与护城河之间的距离就会有约 150 米，而这是不可能的。如按城墙的周长六里来算，每边大约长 880 米，这和遗存至今的护城河的边长接近，因此，笔者认为城墙周长的数据更正确。

今日有人认为张氏园亭"位于灵璧县城西关小学东墙外，今西关糖业烟酒公司宿舍处"。（张训彩《中国灵璧奇石》）这个说法大致不差，因为此处的正东就是护城河西段 440 米处——西段的正中、当年故城西门的位置，即在"凤仪门外"，这样，和康熙时县志的记载就吻合上了。但可能是由于西关小学东墙外遗存着属于当年张氏园亭的一块很大的长锁形状的灵璧石的缘故，对其分布范围的描述可能太过狭窄了一些。实际上，有乔木修竹之林、蒲苇莲芡之池，出产的果蔬鱼鳖可以饱邻里、馈四方宾客的张氏园亭，面积是不可能太小的。曾巩的《访张氏园亭三首》其一道："梨枣累累正熟时，粟田鹑兔亦争肥。园亭尽日追寻遍，只欠厌厌醉始归。"其三："秫地成来多酿酒，杏林熟后亦留钱。"园亭可供"尽日追寻"，而且很可能附带有农庄，亦证明其面积之大。

曾巩诗："不须置驿迎宾客，直到门前系画船。"（《访张氏园亭三首》之三），说明园亭距运河（隋唐大运河的汴河段）之近。东坡："由宋登舟，三宿而至其下。"同样说明了这一点。又曰："因汴之余浸，以为陂池"，则表明园亭中的水源自运河，实际上，西关小学门前的解放西路应是当年汴河的南堤，康熙《灵璧县志》卷一《方舆志·古迹》在提到隋堤时，也说："旧河经城内，今塞。"汴河当年的河床宽度一般为 80 米左右，所以，西关小学以北的大片地方都可能是张氏园亭的所在。这个说法还嫌笼统，经实地观察发现，如今，在与解放西路平行的北边100米处，有一条如今是明沟的污水渠，它在接近西关小学处，突然直角折向北边，百米后又重新东折，这条渠的位置也许与汴河的遗存有关，而它的这次转折则可能是遇到了当年张氏园亭从汴河引水的渠，然后它重新东折后，或许就成为张氏园亭的内河，而它的两岸也许都是园亭的范围。如今这一带是平房，部分区块高低错落的园亭地形尚在，不久的将来也许会拆迁盖起高楼，如果趁现在未规划成楼盘，将其恢复成张氏园亭，或许比东偏南8.5千米外，同样在汴河故道边上的虞姬文化园显得更有“文化”、更是一个家园的象征吧。因为，宿州大地自古“陆走黄尘，陂田苍莽，行者倦厌”，而一座经营多年，陂池清澈，假山层叠，“修竹森然以高，乔木蓊然以深”的园林，正是疲惫的行旅中，心灵可以休隐的家园。而这未实现的一切，却初步地、袖珍型地体现在了县城以北35千米处渔沟镇上苏州园林风格的“天一园”中。

苏轼在文章的最后透露出了归隐之思和对这片平原上人民的眷恋之意，实际上，抵达湖州后，任知州仅三月，就迎来了他一生中重大的转折——乌台诗案，从而使得这种想法随着诗人的背影越去越远，成为一个无法实现的田园梦。

附：

灵璧张氏园亭记

北宋·苏轼

道京师而东，水浮浊流，陆走黄尘，陂田苍莽，行者倦厌。凡八百里，始得灵璧张氏之园于汴之阳。其外修竹森然以高，乔木蓊然以深。其中因汴之余浸，以为陂池；取山之怪石，以为岩阜。蒲苇莲芡，有江湖之思；椅桐桧柏，有山林之气；奇花美草，有京洛之态；华堂厦屋，有吴蜀之巧。其深可以隐，其富可以养。果蔬可以饱邻里，鱼鳖笋茹可以馈四方之客。余自彭城移守吴兴，由宋登舟，三宿而至其下。肩舆叩门，见张氏之子硕，硕求余文以记之。维张氏世有显人，自其伯父殿中君，与其先人通判府君，始家灵璧，而为此园，作兰皋之亭以养其亲。其后出仕于朝，名闻一时。推其余力，日增治之，于今五十余年矣。其木皆十围，岸谷隐然，凡园之百物，无一不可人意者，信其用力之多且久也。

古之君子，不必仕，不必不仕。必仕则忘其身，必不仕则忘其君。譬之饮食，适于饥饱而已。然士罕能蹈其义、赴其节，处者安于故而难出，出者狃于利而忘返，于是有违亲绝俗之讥，怀禄苟安之弊。今张氏之先君，所以为子孙之计虑之者远且周，是故筑室艺园于汴、泗之间，舟车冠盖之冲。凡朝夕之奉，燕游之乐，不求而足。使其子孙开门而出仕，则跬步市朝之上；闭门而归隐，则俯仰山林之下。于以养生治性，行义求志，无适而不可。故其子孙仕者皆有循吏良能之称，处者皆有节士廉退之行。盖其先君子之泽也。

余为彭城二年，乐其土风，将去不忍，而彭城之父老亦莫余厌也，将买田于泗水之上而老焉。南望灵璧，鸡犬之声相闻，幅巾杖履，岁时往来于张氏之园，以与其子孙游，将必有日矣。

元丰二年三月二十七日记。

过灵璧张氏园三首

北宋·曾巩

（一）

梨枣累累正熟时，粟田鹑兔亦争肥。

园亭尽日追寻遍，只欠厌厌醉始归。

（二）

汴水溶溶带雨流，黄花艳艳亦迎秋。

看花引水园林主，应笑行人易白头。

（三）

秫地成来多酿酒，杏林熟后亦留钱。

不须置驿迎宾客，直到门前系画船。

同友人寻张氏园亭古迹

清·汪元淑

坡仙文字古园亭，莫问园亭地几经。
赖有青山新气色，何知汴水旧清泠。
花开花谢同刘项，人去人来自日星。
世间手笔能千载，长取河山在记铭。

灵璧游张学士园

北宋·黄裳

休说行行且与吟，道山官职旧园林。
石疑六丑默难问，竹类七贤闲可寻。
翠引宾朋三径远，寒生涯涧一池深。
隋河堤上人空老，谁为兰皋惜寸阴。

注：兰皋，张园之奇石。

题张氏园亭二首

北宋·刘跂

（一）

苍头奉笻竹，稚子试春衫。
共著野人服，来游居士岩。
园蔬佐酒椀，药录贮书函。
草草非难得，从今不计凡。

（二）

岸荠随渔屦，林桃映舞衫。
定非铜雀榭，似是雨花岩。
僮有家千指，书多日百函。
斯人太高语，吾意只尘凡。

兰皋亭

北宋·宋祁

信美兰皋地，疏椽构迥轩。
山林闲处乐，溪濑静中喧。
春桂开前坞，秋菘接后园。
舟来无尽曲，客到不空罇。
夕月生帷鉴，晴云抱栋痕。
主人贪细绩，未暇答惊猿。

虞姬与虞姬墓

虞姬墓：楚王项羽之姬，所谓美人者也。其墓在城东十五里。相传灵璧葬其身，定远葬其首。《虹县志》亦载，谓在阴陵山北，盖亦近虹之界云，《古今诗话》称虞姬葬处生草能舞，呼为虞美人草，从来诗人咏之。及亲往凭吊，苔藓古碣之旁，求所谓虞美人草。土人摘以来，云草名美人香，生无定所，揔不远十许步，捻之作香气，不类他草，亦不必能舞，词客每移植盆中作清供，果然，夫不亲见而附会者多类此矣。故详识之，以资风雅者之一考。

——康熙《灵璧县志》卷一《方舆志·古迹》

虞姬墓在阴陵山北，墓旁有草名虞美人。

——光绪《泗虹合志》卷二《建置志·古迹》

元代，“晚年始为宿州学官”的陈复（字子仁），曾有《宿州作》六首，其三曰：“闵子幽林埋故里，虞姬孤冢属谁家。”陈复生卒年月不详，该诗收于孙存吾所独辑的《皇元风雅》后十二卷，《皇元风雅》原序作于至元二年（1336）；曾为翰林国史院编修官的杨载（字仲弘，1271—1323）亦曾写过《次韵陈子仁黄河》，想来陈复此诗亦应作于1320年左右。即虞姬墓至少在那时即为地方有名的古迹。

明万历四十八年（1620）以举人任灵璧知县的别如纶，则曾于天启四年（1624）作《虞姬墓碑记》，“滴泪于断烟荒冢之侧而赋诗凭吊”。（康熙《灵璧县志》卷八《艺文志·碑记》）

虞姬墓

虞姬是项羽军中的一个歌姬。她的乡里、年龄、出身等，史书无一记载，可考的资料实在甚为寥寥，《史记》仅称“有美人名虞，常幸从”。关于虞姬故乡，有人说在今江苏沭阳县颜集镇虞溪村，或称在浙江绍兴漓渚镇，无定论。前者的可能性似乎更大，因为项羽亦是这一带（宿迁）的人。

虞姬貌美，深受项王宠爱。项王起兵征战南北，一直把她带在身边。从陈县突围来到垓下时，项羽感到大势已去。身陷重围，再次突围又生死未卜，因而他面临着一个两难的抉择：是带着虞姬一起突围呢，还是留下虞姬？《史记》记载当时的情景说：“项王乃悲歌慷慨，自为诗曰：‘力拔山兮气盖世，时不利兮骓不逝。骓不逝兮可奈何，虞姬虞姬奈若何？’歌数阕，美人和之。”项王一生身经七十余战，从来没有流过泪，但在将别虞姬之时却动情地哭了，“左右皆泣，莫能仰视”。司马迁写到这里便戛然而止，没有了下文。

所幸陆贾的《楚汉春秋》弥补了这个缺陷，记项王唱罢《拔山歌》后，虞姬曾答诗一首曰：“汉兵已略地，四面楚歌声。大王意气尽，贱妾何聊生!”相传虞姬歌尽，泪如雨下，就拔剑自刎而死。她的这首答诗也成为后世五言诗的滥觞。

虞姬死后，后人把她葬在灵璧县城东七千米处（今宿泗公路旁），临近垓下战场遗址。墓地为一土冢，周围以石墙为栏。墓前立一石碑，碑的横额上刻着“巾帼千秋”，两边刻一副墓联，为明代著名的书画家倪元璐（1593—1644）所作，右为：“虞兮奈何？自古红颜多薄命。”左为：“姬耶安在？独留青冢向黄昏。”悠长感伤的叹息，表达了对她的同情与思念。

虞姬文化园

倪文贞公另撰有对联，云：“今尚祀虞，东汉已无高后庙；斯真霸越，西施羞上范家船。”

上联：“今尚祀虞，东汉已无高后庙”：高后吕雉为汉高祖刘邦的正配，最初配食于刘氏宗庙，但她丧心病狂地残害高祖的嫔妃、幽杀刘邦的子孙，因此，光武帝时，斥吕后，而以文帝母薄太后配祀高帝。光武帝刘秀认为：“吕氏王诸吕，贼三王几危社稷，不宜配食。”将吕后牌位从祖庙中迁出。东汉经学家郑玄认为：“近汉吕后杀戚夫人及庶子赵王，不仁，废不得配食。”康熙时的诗人申奇猷《前题》：“汉代已迁高后庙，洋川犹志戚门楣。”意思与此相类。乾隆时的潘继善也说：“吕后丧心无耻，不得祔于高祖。”

如果此句中人物与虞姬的关联性还稍显牵强的话，下联：“斯真霸越，西施羞上范家船。”将同样为著名美女，甚至还有可能是其老乡的西施，与虞姬间进行对比，就更自然，也更有说服力。西施本被献给了吴王，越灭吴后，西施得以投怀于范蠡，对吴王虽然谈不上不贞（因为其本来就是范蠡灭吴计谋的一个部分），但一女侍奉两男，似乎不合乎传统贞节观念，且该句画面感极强，活画出西施且羞且喜的模样和心态，因此也更能反衬出虞姬的贞烈。

传说中的虞姬：

虞姬鲜血化草的传说，早在唐宋时就已在民间广为流传。其中一种说虞姬自刎后葬于灵璧，那里长出一种草，“红色，见人辄舞，俗名虞美人草”（清吴骞：《拜经楼诗话》，刘声木：《苌楚续笔》）。北宋许表民作《虞美人草行》咏其事云：“三军散尽旌旗倒，玉帐佳人坐中老。香魂夜逐剑光飞，青血化为原上草。芳菲寂寞寄寒枝，旧曲闻来似敛眉。……当年遗事久成空，慷慨尊前为谁舞。”（《苕溪渔隐丛话前集》卷六十）并开始用“虞美人”词牌来写虞美人故事。《碧鸡漫志》作者王灼的友人、南宋初年的蜀人黄大舆（字载万）也用“虞美人”词牌作词曰：“葛荒葵老芜城暮，玉貌知何处？至今芳草解婆娑，只有当年魂魄未消磨。”他们都认为虞美人草是虞姬的碧血或香魂化成。我国自古就有痴情女子化石的故事，虞姬为何要化草呢？南宋词人姜夔《虞美人草》诗云：“夜阑浩歌起，玉帐生悲风。江东可千里，弃妾蓬蒿中。化石那解语，作草犹可舞。陌上望骓来，愁然不相顾。”（《全芳备祖集》，后集卷十一）他认为化石不能说话，无以达情，化草在陌上而舞，可以表达对项王的守望和等待，理解中有一种至情至性的浪漫。《贾氏谭录》则说虞姬死后，“褒斜山谷（在故汉中褒城县）中有虞美人草，状如鸡冠，大而无花，叶相对，行路人见者或唱《虞美人》，则两叶渐摇动如人拊掌之状，颇应节拍，或唱他辞，即寂然不动也。”

古往今来，路过虞姬墓的南来北往的文人墨客，留下了众多以此为主题的诗作，其中不乏大家，如：

虞姬墓

南宋·范成大

刘项家人总可怜，英雄无策庇婵娟。

戚姬葬处君知否？不及虞兮有墓田。

虞姬墓

北宋·苏轼

帐下佳人拭泪痕，门前壮士气如云。

仓皇不负君王意，只有虞姬与郑君。

苏子瞻诗作于北宋熙宁四年（1071）其赴杭州就任通判途中。郑君，指项羽部将郑荣，项羽死后归汉，刘邦下令所有项羽旧部提到项羽时要直呼其名“项藉”，郑荣不从，被逐（《汉书·郑当时传》）。

但可能是由于年代的久远，诗人们对这段本来就传说多于记载的故事没有亲切的认识，勉为写之，平面和同质化严重，即使才如苏轼，似乎也写得不冷不热，尚不如前文的那两副对联入情。

1981年，虞姬墓被列为县级文物保护单位；1986年安徽省人民政府批准为省级文物保护单位。依托故虞姬墓，灵璧县于2010年开发建设了虞姬文化园，占地面积300亩，分楚汉文化展示区和综合旅游服务区，规划占地总面积近400亩，一期工程楚汉文化展示区，占地面积80亩，投资0.5亿元人民币。

这两千年后修建的长桥回廊，美人在游者的想象中寂寞伫立，她的鲜血继续点染千年，比园中的梅花更为持久。但是又何必苦苦追寻？因为民间美好的女子历历，或在每一个炊烟升起的村庄。

寂寞城东的虞姬墓，距阴陵山不远。

阴 陵 山

于是项王乃上马骑，麾下壮士骑从者八百余人，直夜溃围南出，驰走。平明，汉军乃觉之，令骑将灌婴以五千骑追之。项王渡淮，骑能属者百余人耳。项王至阴陵（《集解》：徐广曰在淮南。《正义》：《括地志》云阴陵县故城在濠州定远县西北六十里），迷失道，问一田父，田父绐曰："左"。左，乃陷大泽中。以故汉追及之。项王乃复引兵而东，至东城，乃有二十八骑。汉骑追者数千人。项王自度不得脱。

——《史记·项羽本纪》

阴陵山。城东十五里。昔楚王项羽兵败垓下，于此失道，问田父。田父哈之曰"左"，左陷大泽于此。

——康熙《灵璧县志》卷一《方舆志·山水》

阴陵在城西四十里，相传霸王失道处。

虞姬墓在阴陵山北，墓旁有草名虞美人。

——清《泗虹合志》卷二《陵墓·古迹》

《史记》中交代得比较明确，是"溃围南出"，"项王渡淮"以后才"至阴陵"，而县志中提及的阴陵山，在距垓下战场不远的东北方向，且北距淮河甚远，更谈不上是在淮河以南，所以不大可能是历史上项王失道处的阴陵，而只能作为一个令人感叹徘徊的传说之地来看待。

不过，"阴陵暮耕"仍为旧志灵璧八景之一，且其作为霸王失道处的传说也是由来已久（光绪《泗虹合志》是在康熙间《泗州志》与《虹县志》基础上编纂而成的），旧志中有不少以此为题的诗作：

阴陵暮耕

淮阴·汪之章

常时石户下山耕，见有蚩尤总不惊。
龙斗野中风雨过，牛来田上暮烟生。
心无机事偶然应，左陷泥中适不平。
雨后半犁今自在，行人谁个作疑兵。

山下田中似乎千年不变的或雨或晴的暮耕景色，伴随和平与怡然的心境，颇有些隽永的意味。汪之章，为清康熙十二年灵璧儒学训导、康熙《灵璧县志》的纂修者之一，他的这首《阴陵暮耕》断乎不会是写定远的阴陵的（尽管很多宣传定远的网文，都引了这首诗）。限于篇幅，县志中另外两首同题诗作不作点评，与一首明代万历年间的诗作同附于篇末。同样的，从这三首诗作的诗题与作者曾任的职务来看，其所描写的仍应是今天灵璧与泗县交界处的阴陵山。

阴陵山

清康熙十二年（1673），《虹县志》的辑撰者、知县龚起翚也有《阴陵夜月》：“怅望阴陵道，难招楚霸魂。云迷千树暗，冥合万山昏。子弟兵何在，佳人墓尚存。独怜千古月，犹自照荒墩。”在同一题材的众多的怀古诗中，此首是好懂又有情感温度的不多的诗作。

北宋初的名士梅询（梅尧臣叔父）有《过阴陵山》：“龙虎相驰逐，干戈事战争。千重汉围合，一夜楚歌声。凄凉七十战，漫散八千兵。失道欺田父，穷途遇灌婴。天亡终不悟，览古亦伤情。”梅询的这首诗并未收录于《四库全书》（其诗作仅存于《二梅公年谱》后附的《许昌梅公诗略》中），各家流传的版本在字句上乃至诗题上均有出入，此处直录于康熙《灵璧县志》。该诗敏锐地想象到了楚汉战场上的龙虎恶斗、垓下之围后霸王夺路而逃的末日狂奔、为了抢功如嗜血的群狼般紧追的汉兵，而最后面对阴陵山，这个夹带着悲凉晚风的山名，以“伤情”二字束题，再一次显示了诗人感性的准确，而欧阳修也称梅询晚年“虽衰且病，其言谈词气尚足动人。……论事尤多发愤”。

附古诗三首：

阴陵山

明（万历）处州人　叶志淑　虹县知县

阴陵山北小村西，旧说重瞳向此迷。
今日偶经征战地，残阳古木任鸦棲。

——光绪《泗虹合志》卷十八《艺文》

阴陵暮景

明邑人　张凤仪　郡阳令

拔山气力信难俦，叱咤何欺一夕休。
壮士楚歌声已断，佳人越袖舞还收。
花颜涕诀尊前酒，玉质埋成野外坵。
青血化为原上草，迎风巤巤使人愁。

阴陵暮景

清（顺治）　长洲人　汪希汲　灵璧教谕

霸国前日已成灰，百战雄风亦壮哉。
隋道尚留深井在，舣舟空自隔岸来。
青磷遍野悲遗镞，香骨长埋吊古堆。
慷慨天亡何足恨，暮钟隐隐有余哀。

垓　下

垓下之战的意义在于：奠定和从此开始了汉祚210年。

公元前202年（汉高祖五年）十二月（汉初承秦制，以十月为岁首。也即汉高祖五年的第一个月为十月，接下来为十一月、十二月、一月、二月、三月、四月、五月、六月、七月、八月、九月。十二月为当年的第3个月）的垓下之战，是楚汉相争中决定性的战役。它既是楚汉相争的终结点，又是汉王朝繁荣强盛的起点，更是中国历史上的转折点。它结束了秦末混战的局面，统一了中国，奠定了汉王朝四百年基业。两个月后，刘邦称帝于汜水北岸，高皇帝开辟了大汉基业，本朝的国号“汉”，成了所有中国人的代称。

垓下遗址

垓下之战的有关记载，最初见于《史记》，司马迁去汉初仅几十年，掌握国家的图书档案，记载最为可信。垓下与垓下聚有所不同，垓下之战是一个在较大区域展开的战斗，包括楚、汉两军的阵地，而垓下聚则是项羽军筑垒屯军的所在。

古代较重要的其他七部史志文献，如《汉书》《后汉书》《水经注》《元和郡县图志》《太平寰宇记》《明一统志》《清一统志》等，关于垓下或垓下聚方位的记载全都指向灵璧东南。

北宋·乐史撰《太平寰宇记》说："垓下，在县西五十里，汉兵围项王于垓下，大败之，有庙在县西五十里。"《太平寰宇记》还提供了一条具特殊价值的数据："濠城，在［虹］县西南七十八里。"唐·李吉甫所撰《元和郡县图志》说："垓下聚，在县西南五十四里。"唐、宋两朝宿州所辖之虹县县治，即今泗县县城所在地。综合两条距离信息，则垓下聚大致应在泗县草沟镇西一带，北靠北沱河。光绪《宿州志》载：元祐七年，升虹之零璧镇为属县，改为"灵璧"。这也是这两部在元祐之前的史书只提垓下与虹县间的地理方位关系，而不说灵璧的原因。

从泗固公路（329 省道）往北大约八千米，一直到小杨家，在这一与《元和郡县志》的记载最吻合的范围内，笔者一路穿越乡路乃至村路，力图找到一块高地，因为双方当时投入的总兵力将近百万之众，战场应在垓下聚周遭方圆数十里的更为广阔的地带，但垓下聚按理应为一处村落高地，以利据守。但并不能在这一带找到一块像样的高地或台地，在后单圩，我问一位年纪约 65 岁的老农，他想了半天也没想起这一带有什么高地，最后只得建议我到南面一千米外的前单圩看看，路上，我欣喜地发现东边有一线高地的轮廓，但走近以后，发现不过是一条沟渠加高的堤岸，类似的误会还发生在前单圩以南，那个更明显的台地却是沟渠堤坡上的老坟。或者如前单圩一个很聪明的小朋友告诉我的，"挖机到处挖"，已经失去其原始的地貌了。在当地人的指点下，我继续南行里许，来到泗固公路上，往泗县方向骑行不到一千米，在路北即有一块碑墙，上书"垓下遗址"四个大字，落款是灵璧县政府，时间是 1989 年 12 月 25 日，这个地标的设立，其方位大体是准确的。后来笔者检索相关论文，还发现灵璧县政府曾在2010年6月26至27日，邀集全国各地的40多位史学专家，包括邹逸麟这样的国内有名的历史地理专家，在灵璧召开了一个由中国秦汉史研究会、安徽省历史学会主办，安徽省社科院历史所、灵璧县委县政府承办的“垓下之战遗址高层论坛”，论坛“针对该下之战遗址方位及楚汉战争有关问题进行了集中而又热烈的讨论”。想必这处碑刻的位置，当时应该又被再次认可了吧。

如今的垓下旷野依然处处芦荻，如果没有今天这遍地的村庄，天地想必会更加辽阔，也更加苍凉。在这无边的大野上，火红的落日缓慢但明显地下沉，像一场为即将退位的王举行的最后的仪式。那个冬天，项王一度问鼎中原后的彻底失败一定极为痛彻。

垓下落日

天　一　园

天一园，皖北大地上出自人工的明珠，正式的功能似乎是灵璧石博物馆。在一片接一片既欠发达又欠乡土的平淡、凌乱的平原乡镇环境里，突然捧出了一座宜于沉思乃至温一个古典的清梦的江南风格的园林。而三进院落占地不过数十亩。假山、植物、池塘、堂厦、回廊等，构建出一方古典的美学空间。

天一园

天一园似乎具有较为纯正的苏州园林风格，其中陈列的石头反而变得次要，退居到点缀的地位，这是财力和品位的结合。木梁宫灯，静对假山吐放的芍药，岁月洗旧的石雕和砖雕，多来自皖南古村。

皖北平旷的大地上适合院落的居所，这在视觉审美上是一种调剂，在心理上则带来闲适的况味。天一园的园林模式正好与此相契合，而且在格调和规模上又远超一般的城乡小院。摒除墙外的喧嚣，一百年前赛珍珠《大地》中颇费笔墨描写的宿州城内那大雁飞越的庭院深深的黄家大院，或许与此略略相类。而在“灵璧张氏园亭”早已只是个传说的千年之后，天一园或许能帮你怀想起这座田园式的幽深园林，尽管在规模上还差得远。

天一园

网上的资料介绍：天一园由上海市观赏石协会理事、上海知名赏石家柳国兴先生和著名灵璧石收藏经营者李富贵先生合资建造，共同投资2000多万元，于2005年6月动工，历时3年，由苏州某古典园林建筑有限公司承建，于2008年2月完工。天一园主体占地45亩，其中园林建筑约占地15亩，包括正门、大殿、正殿、茶楼，四面展示厅近1600平方米，所有建筑用180米长廊加以巧妙连接。在茶楼的正对门，有一座用700余吨老坑灵璧石堆砌而成的假山及六角亭，在阳光的映衬下显得婀娜多姿，更显古典园林建筑的无限魅力。园内建筑的大部分木材均来自清代李鸿章先生所创办的中国第一家民族企业——江南制造局，即上海江南造船厂，材质为美国洋松，最长的为9.6米，上面的文字记录为光绪八年（1882）。百余年木料的使用也为天一园增添了不少的文化底蕴。

钟　馗

按小史：唐贞观中，帝梦一神，状奇古。帝问为谁，神奏曰：‘臣终南山进士钟馗也。上帝命臣除天下虚耗之孽。’帝窃命吴道子状其图，传京师。今灵邑自昔相传所画之判是也。土人呼之曰‘判画’。蝙蝠即耗孽也，欲驱之去，非欲其至也。其衣冠唐制，风扬二巾带于上，非有是冠制也。

——康熙《灵璧县志·外纪附》

上文说钟馗是“灵邑自昔相传所画之判”，说明钟馗画在灵璧民间的传承确实是历史悠久。但钟馗的故乡却很难考证到灵璧的头上，甚至有人认为钟馗本为逐邪之物“终葵”；或者是傩祭中出现的驱鬼神祇，源出自傩仪中的方相。

钟馗画

灵璧钟馗画承载了民间祈求吉祥的内涵和寓意：祈福纳祥、驱鬼辟邪。据《清嘉录》记载，于五月五日这一天悬挂钟馗神像于堂屋中能驱邪避疫。钟馗可“尽除天下妖孽”，所以钟馗画具有辟邪和惩恶扬善的功能。这表明民间的钟馗画之所以存在，有基于民俗传统的市场基础，画师以此得以谋生。灵璧这一产业的规模至少在清代前期就已很可观："近世又有画钟馗者，莫知所由来，称曰'灵判'，一岁可售数万纸，画工十余家衣食于斯，地方官亦岁以数千纸供人求取，其品乃愈下矣。"（乾隆《灵璧县志略》卷四《物产》）最后一句，又表明了文人世绅对其的不屑，表明其那时是属于民间俗文化的范畴。

画中钟馗上方往往画一蝙蝠，如今一般认为取其谐音传达"福到眼前""福临贵府"的吉祥寓意，但康熙《灵璧县志》则说"蝙蝠即耗孽也，欲驱之去，非欲其至也。"看来，关于画中蝙蝠寓意，康熙时就有截然相反的两种不同的解释。

钟馗园

过去仅仅是基于钟馗画的地方钟馗文化，如今，被跨越式地拓展了，灵璧县政府大手笔地"规划建设了钟馗文化园。园区规划占地面积 3000 亩，总投资 10 个亿，一期占地 725 亩，投资 3. 2 亿"。园区建设选择的山头是县城西北小花山，之所以选择这样的地理位置，是因为钟馗园南边的东岳庙山西侧已经被开山采石破坏严重，而且体量太小。东岳庙山南边的凤凰山，其"凤山夕照"为古灵城八景之一，但凤凰山本来就是烈士陵园，另外，钟馗园的东南方向就是县政府的所在地政务新区，政务新区在规划时就要建设一个城市公园，二者规划相吻合。

以下为县政府宣传资料的摘录：

灵璧钟馗文化底蕴丰厚、源远流长，经过历代文人的演绎挖掘，已经形成了一个完整的文化体系，与奇石文化、楚汉文化一起成为灵璧三大主流文化之一。钟馗画是钟馗文化有力的载体，灵璧钟馗画承传吴道子之法，并与民间技法相结合，风格独特，自唐至今兴盛不衰，1915 年画家翟光远的钟馗《神威图》，在巴拿马万国博览会上荣膺金奖，现珍藏于故宫博物院。现在灵璧钟馗画已成为中国民间绘画艺术的瑰宝，灵璧也因此被评为“中国民间文化艺术（钟馗画）之乡”。

钟馗文化除了文学形式的传承外，同时在我县已经成了一种产业，钟馗园的东侧将预留 300 多亩地，用于建设钟馗文化一条街，除了钟馗画之外，还有钟馗酒、钟馗画与磬石雕技艺相结合的钟馗石盘等。

钟馗文化园完成以后，它的基本功能定位为钟馗文化研讨基地，未来还将在钟馗文化园的二期，也就是西部，建设钟馗文化高层论坛的永久会所；钟馗园的定位同时还有钟馗画的创作基地、民间民俗文化及非物质文化遗产展示基地以及休闲度假游览胜地。

不同于这些大兴土木的建设项目，2013 年秋天的一个傍晚，钟馗酒业门前的高粱地未变成停车场时，配合着钟馗酒业厂房的白墙黑瓦、高粱地上方初妆的淡月，令人印象深刻，令人觉得更贴近农业、传统和美。

磬云山与灵璧石

“磬山吐云”为旧志中的“灵璧八景”之一。

磬云山的姿形单调，但登高而望，西北则群山绵莽，东南则秋麦绿秀。亿万年前，火山涌突与戛然冷却于此，以其博大成就了今日一个可观的产业。这座并不起眼的小山实则是灵璧石的母亲山。

这里如今是国家地质公园。如果不是因为灵璧石，这座可爱的小山定不会有柏油环山公路如绶带般加身，将会和西面、北面那些连绵的、海拔一百多米的小山一样，有着寂寞、温和而常常又残缺的姿形。

灵璧石的赏玩史不算短，中古即已有之，而且从一开始平台就不低，北宋的皇家士大夫皆不乏痴于此者，宋代咏记灵璧石之诗文突然涌现，亦是明证。后来理学势炽，此好一度降温。相关史料，趣味和知识性皆具，因此，本篇顺序摘录一些资料如下：

政和间，因县境有山，产磬石，神之，诏改零壁为灵璧，特设治。

——康熙《灵璧县志》卷一《方舆志·建置》

辉山与红鸟山南北相值，山势至此一断，而石磬山耸峙于东矣。石磬山，古取磬之地，《禹贡》所谓“泗滨”在此山下；山椒有石佛数百，相传为古之废寺；西麓旧有茶庵，康熙中，有僧出游江南，既而还山，更名庵曰“玉磬”，刻石记之，文虽不佳而书法仿《圣教序》，可观也；北里许，地名钓鱼台，此古者泗水抵山下之验，山下水曰“渔沟”，亦因此得名矣，石磬山西北十余里有枕头山……

——乾隆《灵璧县志略》卷一《山川》

而泗滨之磬则灵璧独有之，宋以后，灵璧石且入禁宛，不独磬也。论者以为，山川灵秀之钟而不知其为地方官民之累，即今山石已空，而远近求取无已，土人以顽石凿为山云鸟兽之状，好事者或什袭①而藏之，可嗤也。

——乾隆《灵璧县志略》卷四《物产》

《后周书》：高琳母尝祓禊②泗滨，见一石光彩朗润，遂持以归。夜梦一人，衣冠有若仙者，谓曰："夫人向所得石是浮磬之精，若能宝持，必生令子。"母惊寤。俄而有娠，及生，因名琳。初仕魏，封钜野县子；后从周太祖破齐，累立战功，进位柱国。

——乾隆《灵璧县志略》卷四《物产》

磬云山

① 什袭：重重包裹，谓郑重珍藏。什，十。宋张守《跋〈唐千文帖〉》："此书无一字刓缺，当与夏璜赵璧，什袭珍藏。"

② 祓禊：犹祓除。古祭名。源于古代"除恶之祭"。或濯于水滨（薛君《韩诗章句》），或秉火求福（杜笃《祓禊赋》）。三国魏以前多在三月上巳，魏以后但在三月三日。然亦有延至秋季者（刘桢《鲁都赋》）。汉刘桢《鲁都赋》："及其素秋二七，天汉指隅，民胥祓禊，国于水嬉。"《后汉书·礼仪志上》"是月上巳，官民皆絜于东流水上。"

宋乾德四年，和岘议令采泗滨石为编磬；景祐中，采泗滨浮石千余，以为垂磬；皇祐三年，诏除徐宿泗江郑淮扬七州军采磬石；今但取于灵璧耳。

——乾隆《灵璧县志略》卷四《物产》

宋人王明清《挥尘录》载：“宋政和间建艮岳，奇花异石来自东南，不可名状，灵璧贡一巨石，高二十余尺，周回称是，舟载至京师，毁水关以入，千夫舁之不动，或启于帝曰：‘此神物也，宜表异之。’裕陵①亲洒宸翰云：‘庆云万态奇峰’。仍以金带挂其上，石遂可移。省夫之半，顷刻至苑中。”

《宣和别记》：“大内有灵璧石一座，长二尺许，色清润，声亦泠然，背有黄沙文，一带峰峦皆镌，下金填刻字云：宣和元年三月朔日御制御书。其下押一字。”

——乾隆《灵璧县志略》卷四《物产》

记载古代的文士与灵璧石关系之作亦不胜枚举，兹大致按年代顺序，列其尤其生动者、择其来源出处可信者，加以撷录：

《苏子瞻集》：灵璧出石，然多一面，刘氏园中砌台下有一株，独巉然反复可观，作麋鹿宛颈状，东坡居士欲得之，乃画临华阁壁作丑石风竹，主人喜，乃以遗余，居士载归阳羡。

——乾隆《灵璧县志略》卷四《物产》

宋潘自牧《记纂渊海》：灵璧出石多似图，刘氏园中有一株，独反覆可观，作麋鹿可宛颈状，东坡居士欲得之，乃画临华阁壁作丑石风竹，主人喜，乃以遗之。“忽从尘埃中，来对冰雪颜。瘦骨扶凛凛，苍根漱潺潺。但当对石饮，万事付等闲。”

两宋之交的士大夫李弥逊在1118年的秋天所作的诗序，若小品文，隽

① 裕陵：宋人对神宗的习惯称呼。神宗陵本名永裕陵，在河南省巩县西南。苏轼《送陈伯修察院赴阙》诗：“裕陵固天纵，笔有云汉姿。”

永散淡：

岁戊戌秋，舟行宿泗间，有持小石售于市者，取而视之，其大可置掌握，峰峦郁然，若岩窦涧壑，水落月吐，云影渺冥，若远若近，皆有自然之势，乃以千金购之，而为之名曰群玉峰、曰水月岩、曰遥岑、曰碧涧，置诸座隅，卧兴之对。……今一旦得是数山，坐眺四方之胜，岂不幸欤，吾将寓形其间，而与之俯仰上下，不知我之在丘壑，丘壑之在我也。好事者将以余为过耶，姑从而为之辞。

《米元章集》：元章守涟水（今安东），地近灵璧，蓄石其富，一一品第，加以美名，入玩则终日不出。是时，杨次公为宪使，因往廉焉，正色言曰："朝廷以千里郡邑付公，那得终日弄石，都不省录郡事？"米趋前曰："固也。"乃搢笏，于左袖中取一石，嵌空玲珑，峰峦洞穴皆具，色极清润，（举石）宛转反复以示杨，曰："此石安得不爱？"杨殊不顾。乃纳之袖，又出一石，叠嶂层峦，奇巧又胜。又纳之袖。最后出一石，尽天划神镂之巧，顾杨曰："如此石安得不爱？"杨忽曰："非独公爱，我亦爱也！"即就米手攫得之，径登车去。米以杨夺其所最，惘然自失者累月，屡以书请之，竟不复得。

——乾隆《灵璧县志略》卷四《物产》

（另可参见《山堂肆考》《宋稗类钞》《何氏语林》）

明代御史李俣，奉敕督储灵璧，因念及"泗滨浮磬"。主簿李琮随即以石磬为献，李俣拒而不受，并写下《却璧铭》：

却璧铭

嘉靖癸巳九月望，余奉敕督储，按灵璧。公余闲适，偶有"泗滨浮磬"之感。已而，主簿李琮以其家藏为献。余取而扣之，其声清越，乃作而叹曰："今之乐由古之乐也，今之民其古之民乎?！且璧之在古也，为朝廷郊庙之用；其在今也，兼士庶清玩之资，用之不穷，取之不竭，民乌得而不劳也？乃却而还之。因作俚语，俾县令初子芳刻而置之县厅，庶几览者取予少知所慎，而民财可以少纾也。铭曰：

维兹灵璧，产于泗滨。爰伐作磬，克谐八音。
用者不一，取者益频。顾予小子，观风载临。
偶有所同，县尉即陈。贪璧宝丧，爱石愚增。
乃却斯璧，乃作斯铭。缅惟孝肃，一砚不擎。
千载而下，袭其芳馨。

《博古要论》：灵璧县深山中出聚烟石，掘之乃见其色黑如漆，间有细白纹，如玉者卧砂，不起峰亦无岩岫，佳者如卧牛、菡萏、蟠螭，叩之声清如玉，快刀刮不动，此石能收香烟，斋阁中有之，香云终日不散，今取之不知其处。

——乾隆《灵璧县志略》卷四《物产》

灵璧奇石文化园

明末邑人王守谦《灵璧石考》（见康熙《灵璧县志》卷八《艺文志·古记铭》，有删节）：

石之堪作玩者，吾灵璧石称最。谓其峰峦洞穴，浑然天成，骨秀色黝，扣之有声。按谱有形如蟠螭、如菡萏、如卧牛者。又有卧沙不起峰者，甚有尽天划神镂之巧者。

宋时大衍库有灵璧小峰，长仅五六寸，玲珑秀润，所谓胡桃玉色。徽宗御书八小字刻于峰旁，云：山高月小，水落石出。自米颠酷嗜而声价益重，其为杨次公攫去者，乃所谓尽天划神镂之巧者也。

后得李后主所宝“灵璧研山”，径长才逾尺，前耸三十六峰，高者为“华盖峰”，其参差错落者，为“月岩”，为“玉笋”，为“方坛”，为“上洞”，为“翠峦”；又有下洞，三折而通上洞；中有龙池，天欲雨则津润，滴水少许在池内，则经旬不燥，米老甚珍之。及其归丹阳也，爱甘露寺临江一古基，多群木，晋唐人所居，则苏氏之宅也。米欲得宅而苏觊得研山，于是竞相易，米后号“海岳庵”者是已。公终惋惜，乃云此石一入渠手，不得再见，每同交友往观亦不出示，彭绍公真忍人也。

苏东坡画“丑石风竹”，易得张氏灵璧石一株（张氏本集作刘氏——原作注），具有四面，如麋鹿宛颈状。赵松雪有灵璧石秀山一座，下刻“云根”二字。又一石，其大如拳，峰皆五列，公名之“五老峰”，抓之拂之亦有声，此皆见于传记者也。

余在南中曾见一灵璧石，长仅数寸，十二峰参差突起，毫无雕琢。又一石，天生双螭蟠①，结中有小水池，如钱许大，其黑如漆，间有细白纹如玉，扣之声泠然。又见如卧牛者，想亦宋元旧物，流传人间者矣。

国朝垂二百六十余年，寥寥无闻，即问之土著者，也竟不知灵璧石为何物，迨万历己酉，南台侍御史眉山鸿屺张公访此石甚殷，好事者乃于磬石山涧壑中乘雨后觅之，稍稍见一二（此石不出于石磬山，先生益考之未详也——原作注），于是樵夫牧竖莫不求石，苏人不爱善价，买舟载去，然求所谓研山蟠螭与尽天划神镂之巧者，则绝不可得。盖物之尤者，多见于始出时，而其后渐消落也，端溪下岩发于宋而竭于宋，安知今日之石，不将为“广陵散”乎？

独喜吾邑刘节斋先生别业“观音阁”前一石，径数尺，嵌空玲珑，色极清润，先生钟爱之。令此石旦暮闻钟磬声，且与苍松碧梧相依傍，则其

① 螭蟠：亦作“螭盘”。如螭龙盘踞。晋陆云《盛德颂》：“陛下螭蟠泗水，龙耀下亭。”

情怡，其神往，片石堪共语，其在斯乎。或云此系张氏园亭物，然竟非新坑石也。

文中提到的灵璧研山，关于其下落，元人揭傒斯在其《砚山诗》序中，略有记述：

山石出灵璧，其大不盈尺，高半之。中隔绝涧，前后五十五峰，东南有飞磴横出，方平可二寸许，凿以为砚，号曰砚山。在唐已有名，后归于李后主，主亡，归于宋米芾，元章刻其下，述所由来甚详。宋之季，归于天台戴运使觉民，后又归其族人。宰相贾似道求之弗与，携持兵乱间，寝处与俱，乃获全。大都太乙崇福宫张真人，本戴氏子，今年春，贻书得之，请予赋诗。

米芾为“灵璧研山”的易主，长期不能释怀，曾为之作《怀南唐砚山》诗：

砚山不复见，哦诗徒叹息。
唯有玉蟾蜍，向余频泪滴。

民国史志学家、藏书家刘声木在《苌楚斋五笔》卷三《〈灵璧县志略〉言灵璧石》一文中云：“《书经》言‘泗滨浮磬’，后人言即灵璧县出石，久闻其名，未得其详。兹阅江阴贡文阊明府震撰《灵璧县志略》，记载甚详，因录之于此，以广见闻。”并认为《灵璧县志略》“刊本亦罕见，虽叙述简略，未为善本，亦弥足珍矣。”笔者现参考《灵璧县志略》卷四《物产》中的原文，校录于下：

诸书所载灵璧石，品类非一，所产亦非一山，凤竹先生考据该洽，犹未明晰也，余为谱之于左：

磬石，出石磬山，其色青润，其声清越，历代所采，以供郊庙之乐者。西有辉山，其石亦可为磬，质性稍松，攻治较易，近来工匠，多于此采之。虽形色相似，而声则不如磬山所产多矣。巧石，出石磬山北平地，旧坑数亩，产石最佳，所谓庆云万态奇峰者，此也。小者高广数尺，大者可一二丈，色青润，备五声，清越有余韵。旁所产石，背有红黄砂纹，品次之。然旧坑之石，绝不可复得。文石，产周家山，高广不过数寸，具峰峦洞壑，或有如鸟兽形者，浑然天成，不假雕琢，米元章袖中所藏者，是已。此石亦青色，极细润，摩挲之则黝，声清而无余韵，质小故也。夏秋大雨后，涧水冲激而出，间有佳者，秀皱瘦透，诸美毕备。若掘地求之，率多粗恶。今人于大石上凿取其尖，雕镂成文，不堪入目。黑白石，产土龙山，大小不等，黑白相间成文，不起峰，扣之无声，所谓如卧牛菡萏者，然聚烟之语，要不可信。透花石，产红鸟山，琢为屏风尊壶等器，石中自具山云草木鸟兽之文，与大理石相似，但石色紫，花纹色杂，故不足珍。近来匠人琢为几砚，皆无文，盖此技不传也。民间家藏有文者，余犹见之。菜玉石，产齐眉山西玉石山，石之在土中者色如绿玉，极细润。康熙中，民间犹取以为器，今石已竭，山小故也。

明代嘉靖、万历年间的张应文，屡试不第后，以古器书画自娱，著有《清秘藏》，在“论异石”一章里写道：

灵璧石出虹州灵璧县。色黑若漆，间有细白纹如玉。扣之，声清越，以利刀刮之而不动者真也。余向蓄一枚，大仅拳许，峰峦叠起，绝无斧凿痕，极玲珑可爱，乃米颠故物，转入松雪斋，复转入余手。复一枚长三寸二分，高二寸六分，作虎邱、剑池，亦不假椎凿而成。为一好事客易去，令人念之耿耿。设有纯黑而无白纹者，英石也；刮之而成屑者，太湖石所伪也。

其中内容多采前人旧论，或折射出宋以后的明代，灵璧石清玩风气的暂时沉寂。也从某种角度表明这是一种文人士大夫文化，在文臣地位较高的宋代，才开始蔚然成风。

灵璧县城今建有灵璧石旅游文化特色商业街和灵璧奇石文化园。

砀山梨花景观

不提由当地政府主导的由来已久的梨花节，不提“梨树王”“鳌头观海”等自然景观和大觉寺、圣德书院等人文建筑，笔者想用在砀山一日的单人骑行中断续记录下的两段文字，来赞美黄河故道上砀山梨花和桃花的海洋。因为是现场所得，汇编的文字不易替代其效果，因此还请读者原谅此种过分私语色彩的文字：

砀山梨园

一

一场又一场的花海，仿佛在赴一次很难结束的约宴。我从没在这一行政区域见过如此地道、绵长和美艳的风景的飨宴，同时又绝少污染和人潮的败兴。

人民的乡音和脾性淳厚，适合你候鸟般常赴。那些四处遇见的、美丽的难以置信的桃花，只为你一人在春风中吐放。能够纳入镜头的，永远不到万一。

砀山梨花（鳌头观海景点）

二

诗歌《砀山一日》：

空气中涎长着梨花的气味
带着古代书窗中落第者的哀怜爱怜和绯望！

聊斋里，我选择的美人精是桃花精
这一树青春的、完整的花语，让我不忍离去……
春风的私语……
襟怀里解下的落红……
打开的突然褐红的芯蕊…/有时是长帷善展……
青春的绝色，粉嫣的桃花
一株一副仪态，一树一种神情
白天也只能寂寞地亮出秘密的心思……

春风偕暮色升涨
深夜高烧的红烛，映亮红妆与赧颜
而屋后的梨园，渐渐掌灯
次第有，阖家的晚饭和团圆

砀山黄河故道岸边三月末的桃林和梨林

另外，关于宴喜亭池，在砀山遍访不得，应是已湮没于桑海沧田的地理变迁中，只好以对太白诗作的再三涵咏来代替现场的怀古与游赏：

秋夜与刘砀山泛宴喜亭池①

明宰试舟楫，张灯宴华池。
文招梁苑客，歌动郢中儿。
月色望不尽，空天交相宜。
令人欲泛海，只待长风吹。

① 刘砀山：砀山县令，姓刘。宴喜亭池：在砀山旧城东里许，三面环水，上有亭，中有台，下有池曰“华池”，是西汉梁苑的一个景点，又名燕喜台。明代崇祯年间的《砀山县志》载，李白尝客游砀山，与邑令“刘砀山秋夜饮酒赋诗于此，易名华池”。盘桓逾月而去。刘县令热情设宴款待他，陪其泛舟，又以歌舞为其送行，李白为了答谢写诗以赠。“秋池邀月”为明代砀山八景之一。

车牛阪

嘉庆《萧县志》："车牛阪——《旧志》：县西南二十里，相传闵子覆车处。"

所谓《旧志》，据嘉庆《萧县志》序三："即索县志读之。其书已阅百二十余年之久"，落款是"嘉庆十九年"，嘉庆十九年向前推 120 年，则为 1694 年，即康熙三十三年。因此，书中所指《旧志》应为康熙《萧县志》，也因此，引于《旧志》的记载，将对车牛阪、闵子覆车处传说的记载向前推到了清初。

车牛阪

又有明人徐穗芳的诗作：

过车牛阪有感

闵子复车处

阪道崎岖叱牛来，絮衣寒透北风哀。
令人却忆芸瓜客，昔日车从胜母回。

徐穗芳其人生平不详，但此诗又表明这一传说明代已有之。

公元2016年初夏，古道偏僻又寂寥，半天也绝无人迹，另一侧是一排废弃荒凉的石头老屋。2400多年前，少年闵子骞卑微而平凡地从此路过，并折返，然后他的孝行负载了后世庙堂和无数儒者的赞拜，可此刻，这个名闻天下的孝道故事的发生地，却如此寂寞。

千 佛 庵

嘉庆《萧县志》载：“千佛庵，新增，在车牛阪。”意即修志的嘉庆年间，千佛庵方第一次被载入州志。后来曾遭受过很大的破坏。

据网络资料显示，千佛禅寺于2015年初才重建（至少是重修）过，当时并有开光仪式。寺庙不大，谦卑地居于村头路边石崖下，淡黄的墙上，十八罗汉的画像鲜明，主殿是三间刷成袈裟黄色的平房，有着粉色的古希腊多立克式走廊立柱。但院中有古松，证明之前应有旧寺圈护。

千佛庵

寺里有块刻着乾隆三十二年一道圣谕的残碑，相比之下，这块碑保存最好，因其文字部分未缺损，且文字也基本可以辨认（住持僧说这块碑在特殊时期是被埋在地下保存起来的)。大致的内容是有关保护寺田庙产,避免私据争讼之类。碑文提及当时“千佛庵领地一顷四十亩”。这大约也是被庙方看重的原因吧。

寺内另有一《千佛庵题名碑记序》石碑,落款年代为“康熙三十三年岁次甲戌”(1694),而上次萧县修志的年代也约为康熙三十三年,即康熙《萧县志》刚修成,千佛庵极可能也刚落成,因此其名不见于康熙《萧县志》,也因此约略可以解释嘉庆《萧县志》中为何说千佛庵是“新增”。据此揣度,此碑所记文字大体不至是伪作,而千佛庵落成的年代也可上推至康熙三十三年左右。

寺中还有一块光绪十一年(1885)立的“流芳百世”布施碑,那时的寺名仍为“千佛庵”。

附古诗一首:

游车牛阪因憩千佛庵赠巨川上人

清·王 份

奇嶂忽当头,清阴满院幽。
云光罨岭树,翠影落僧楼。
未识圜中趣,聊从物外游。
此间容少憩,真觉类浮鸥。
久被浮名误,兹成物外缘。
因君新置酒,使我爱逃禅。
胜地消尘劫,雄心醉佛前。
可能空色里,少许悟真诠。

这首诗除了表明作者自己数日悠游世外的幽处感悟,读者也可以从中看出那时寺庙的规模(有僧楼),以及周边绿意盎然、山光云影明灭的幽静环境。只是如今,如果青山依然,古道不废,佛庵与凡尘,或更相宜。

淮海战役总前委会议旧址

淮海战役总前委会议暨华东野战军指挥部旧址坐落在萧县城西南15千米的丁里镇蔡洼村。旧址为清末古建筑群落，原为三排三进9个小院组成，共54间房屋。现存东侧为三进院，西侧、中侧均为两进院，共48间，基本保持了原来的建筑格局。蔡洼淮海战役总前委会议用过的5间堂屋依然如故。

淮海战役总前委会议旧址

1948年12月17日，总前委刘、陈、邓、粟、谭五位首长在蔡洼村召开会议，总结了淮海战役第一、第二阶段取得胜利的经验，制定了第三阶段围歼杜聿明集团的战略，并重点研究了淮海战役结束后的渡江战役作战方案。

这次全委会议。五大前委终于聚首，济济一堂，留下了那张著名的、也是唯一的一张合影。多数时候，他们都是分头指挥作战，而不能朝夕相处。

“蔡洼淮海战役红色旅游文化景区项目”正在施工。这是地图上很难找到的一个点，但却是现代史上调动了千军万马对垒淮海，决定了后来中国历史走向和命运的一个极为关键的点。当年大决战的紧张激烈早已不再，地理上，村庄周围也少有跌宕起伏的山水，亦不见古建筑典雅的遗存，但与大历史的关系却从不容小觑，这就是淮北平原。

院子里，五月下旬的榴花正红，周边五月的麦田青黄，抒情而和平，但走到此处，历史深处的惊心动魄却永远需要人们去屏息静闻。

该旧址于2006年被国务院公布为第六批国家级重点文物保护单位。2010年9月，被国家发改委、国家旅游局等四部委纳入名录，成为全国100个红色旅游经典景区之一。

圣 泉

（圣泉·圣泉山·圣泉寺·拱翠堂）

山因泉而名，泉曰圣泉，山因此名圣泉山。圣泉山："《一统志》：在县西北二里，一名泉水山。《旧志》：上有邑人窦沔拱翠堂，知县孙重光虚谷堂。林木蔽翳，泉甃幽异，四时佳日，邑人士游眺咸集。麦秀时，北畴如绿海，弥望无涯。至秋林染绛，落叶山门，高倚孤峰，萧疏如入图画。"

圣泉山一带，在萧县旧城东南七、八里处；而相对万历五年徙至的新城（即今县城所在地），则仅在其西北里余，加之景致不俗，所以比起萧县西南一带偏僻的五洞山等，显得颇不寂寞，县尹邑贤动辄造访。

萧县圣泉寺

圣泉一个重要的特点，就是从不干涸，所以明代的诗人吟咏之时，就总说“海眼曾无一日干”（郝淳《圣泉》）、“海眼相通此圣泉，灵源不断玉砂坚。”（段忠《圣泉》）

另一个特点是水量仅“一小池”，“《通志》：圣泉山上有泉，仅一勺而不枯。《府志》：亦名菩萨泉。”

明代正统十三年（1448）进士、县令闭悌于成化八年（1472）作《圣泉诗序》：“山之前，水声潺湲，出于拳石之下者，圣泉也。石上镌‘菩萨泉’三字，不知何许人书也。……吾想昔人以圣名泉，必渊渊莫测其妙，观水不过一小池耳，俯则见底，流则无穷，渴可掬饮，垢可瀚涤，盛夏了不知暑。助琴声，动诗兴，沁禅心，消俗虑，皆自取也……”

时至今日，取水者每日络绎于道，有妇人，坐于泉边，手持一木柄长勺，专事取水。

萧县圣泉

泉之上，北宋中，曾建有“拱翠堂”：“窦君师道，世居于萧，恬澹寡嗜好，尝为一尉，即拂衣去，读书赋诗，不以取名，而以自娱，故能独得泉山而居之。……而师道没十年，其子明远始益筑圃疏沼，为亭为庵，而面势作堂，临泉之上，尽山之胜。以其四达而望，皆山也，则以‘拱翠’名之。”即窦师道去世十年之后，其子窦明远（字敦礼）于其先父泉山故居处拓建成拱翠堂："《府志》：在县西北圣泉山中，邑人窦敦礼建，以延四方贤士。晁补之为《记》，陈后山题诗。"即"苏门四学士"之一的晁补之曾为此堂写了一篇《拱翠堂记》。窦明远为国子生，认识了当时谪佐宋都（亳州）的晁补之，"因道拱翠胜绝，且图其圃以来，求文为记"。这说明当时晁补之并未到过泉山，文章中对泉山环境的描写应为间接得来。

文章较长，但不愧是名家，起始写泉山周边景境，清新有范式，而又不乏跌宕之气："萧之南稍东五里，曰泉山。泉山之势，南峙而北屏。左则如涛、如云、如虎、如蛇，腾涌拏蹙，杂集而相羊；右则如车、如盖、如人、如芝，迤迤雍容，离立而孤骧；中则平原绿野，桑柘禾萁，三间沟洫，什伍而纵横。泉出于山，夏洌而甘，冬木不山，瘦泉渟而不冰，泉旁土腴润，宜五谷百果，众物皆伙。其南逾百里，至于汴，舳舻万艘，以输赋予京师，以下入于江、淮、荆、湖、闽、广。其北不五十里，至于泗，商贾游士之载者，自大野以东，西通于齐、鲁、赵、魏之冲，以下达于淮入海。而泉山介其间，其境胜而土乐，又甚易至也……"

所谓"陈后山题诗"，即"苏门六君子"之一的彭城人陈师道曾为之作《拱翠堂》诗，诗有《序》："萧邑窦敦礼即泉山作此堂，规制宏丽，晁无咎为之记。"诗曰："千年茅竹蔽幽奇，一日堂成四海知。便有文公来作记，尚须我辈与题诗。至人但有经行处，宝盖仍存老朽枝。能事向来非迫促，经年安得便嫌迟。"

陈师道虽然为江西诗派的"三宗"之一，但此诗似乎较其他文名籍籍的作者写的关于圣泉的诗作一样枯涩，均不及关于邻近的三仙台的诗，想来，是因为三仙台一带的山更有野趣，更为寥廓，山的姿形更能引起辽远的思绪的缘故吧。冬日里，站在圣泉寺山门外，东北望三仙台一带的远山，白石如雪，山形怅远，适合久久伫望，惟有胸中充满了松风……而在夏日，从三仙台山顶回望圣泉寺一带，景观虽不及古诗文中所记，但亦可想象到，那时，远远近近的山，有深深浅浅的绿涛摇漾。

清雍正九年（1731），陕西太原人温长发任萧县知县，任期三年。在任期间，曾私人出资修建了圣泉亭，并写了一篇《圣泉亭记》记述此事始末。文中写景记事之外，借山僧之口，再度提到了拱翠堂："余读《醉翁亭记》，知环滁皆山，而萧邑四面正无减于滁也。其西北一峰曰凤山，山阴有泉，澄清香冽，甲于诸流，因以圣为名，大率与滁阳西山之清泉，扶风官舍之流池，风景略同。辛亥夏杪，余承乏兹土，尝过其地，酌水瀹茗，饮而甘之。由是登仙台，探贤洞，访智井，觅汴河，徘徊顾盼，浩然兴叹曰：'此仙境也！'惜无点缀亭台，为游人憩息之所。山僧告余曰：'昔传泉畔有拱翠堂、虚谷堂，名胜一时。今成荒烟蔓草，其址不可复识矣。'余闻而流连，凭吊者久之……"六百余年的人事兴替、风物沧桑，令人沉吟。

而泉旁的圣泉寺也颇有历史，明代万历年间的名宦李三才曾作《题圣泉寺》："清泉折入梵王家，门外高低踏软沙。日暖风前闲补衲，不知身上落松花。"亲切而闲静。

三 仙 台

三仙台山，据嘉庆《萧县志》载："《一统志》：在县西北圣泉山北一里余。《府志》：在县北。石壁峭立，前有平台如台，上镌'三仙台'三字。相连者为白茅山。"

"《旧志》八景之一曰'仙台棋势'，即此山也。"

"白茅山。《通志》：在萧县北，石壁峭立，前有平石，称为三仙台，故又名三仙台山。《府志》：三仙台、山相连。"

冬日自圣泉寺山门东望三仙台山

寻到山北，在里人的指点下才知，刚才来回路过数度的白茅山的北侧，那处废弃已久的石灰窑（这类废弃的石灰窑在萧县西南的五洞山脉一带也是随处可见），就是当年三仙台的旧址。旧址的附近还堆有沥青建筑垃圾，曾经是古时萧县文士驻足吟咏之处的三仙台，除了仅存的地名，如今已经彻底被废弃了。

千百年来的人文与自然遗产在近年部分地被毁令人遗憾，尤其从古人的诗中看到他们触目所及的历历景观时，更是如此。明人文泰清在他的《饮仙台山即事·诗序》中写道："大丘门人王任曾，以其传经诸子从游仙台山。临流俯萧子故国，望西林如绿海，纵目所及，实旷我怀。镌诗山首，与盟不朽。时天启三年四月晦也。"

在三仙台旁的村巷中，有老者含糊地说"破四旧"时，三仙台即已被毁。在三仙台村路边，又遇一健谈老者，关于三仙台，他讲了一个凡人山间遇仙类的故事，大致是说一个当地的樵夫在三仙台遇见两叟对弈，便停下观棋，口渴了就在弈者示意下喝其所携之水，不知多久过去了，只觉得眼角的余光中，周边的麦田一青一黄、一青一黄……，等那二人下完，他下山回家，则家人早已过世，他对于村庄已只是一个传说……

这基本就是梁·任昉《述异记》卷上王质故事的翻版："信安郡石室山，晋时王质伐木至，见童子数人，棋而歌，质因听之。童子以一物与质，如枣核，质含之，不觉饥。俄顷，童子曰：'何不去？'质起，视斧柯尽烂。既归，无复时人。"

清人诗中显然就已将这个典故与三仙台的传说关联了起来：

> 坐隐空将岁月过，仙人遗迹问如何。
> 雪中偶尔留鸿爪，岩隙于今长薜萝。
> 旧局不随浮世改，残棋可比曙星多。
> 闲时欲去消长昼，恐有人来又烂柯。（任国铨《仙台棋势》）

又如：

> 烂柯寻古迹，泉影白托绅
> 翻嗟临局者，谁是不迷人？（康炜《仙台棋势》）

再如：

千古仙台石，霞关现赤城。
忽惊柯已烂，竹雨带棋声。(吴世良《三仙台》)

五月中旬自麦地西南望三仙台山

在五月的黄昏的凉风中向东北方向骑出一段距离后，在远处金黄的麦田中远望三仙台，只见这一带山势柔缓，山的轮廓明净，还能体会到一些先辈当年悠然于此的景境。

一代代书生士人在此风流聚散，留下了关于三仙台的不少诗篇，加之如今人与自然的对话，无法匹敌前贤，故撷取其中数篇如下：

三仙台次壁间韵

沈宏彝

山映孤城隔水开，那知人世有蓬莱。
林深野犬逐云吠，涧暖春桃引鹤来。
岩壁仙踪谁篆字，驿旌风色独登台。
耽吟笑指轮蹄疾，竹里棋声处处猜。

题郑公墓

李三才

三仙台畔见孤坟，歇马看碑一吊君。
欲问当年心下事，悲风千里落寒云。

赠三台彭生缙

姜士昌

寄迹三台兴自殊，乾坤从尔狎樵渔。
清时漫著《闲居赋》，静处还抄种树书。
但令莺花盟石户，不教车马杂庭除。
他年谢却风尘苦，拟傍幽轩共结庐。

其中充满了我们遗失许久的、出自田园时代的宁静心境，其珍贵与寂寞之处或许皆在于此吧。

雾潴泉·竹林庵

雾潴泉，苏轼曾有诗文记之。

竹林庵，新增，在雾潴泉东，庵中竹林最盛，故名。

——嘉庆《萧县志》卷七《坛庙》

雾潴泉《府志》：在县东雾猪山下。渊汇数亩，人不敢测。宋苏轼有《祈雪雾潴泉》诗，即此。

——嘉庆《萧县志》卷二《山川》

雾潴泉

《江南通志》:“雾猪山，在萧县东南五十里，下有雾潴泉，渊汇数亩。”

《山堂肆考》卷十八：“雾猪山在徐州萧县东南，以下有雾潴泉，故名，宋人曹国舅隐此山，因蜕骨于此。”

苏轼《祈雪雾潴泉出城马上作赠舒尧文》诗：

三年走吴越，踏遍千重山。朝随白云去，暮与栖鸦还。
翩如得木狖，飞步谁能攀。一为符竹累，坐老敲榜间。
此行亦何事？聊散腰脚顽。浩荡城西南，乱山如玦环。
山下野人家，桑柘杂榛菅。岁晏风日暖，人牛相对闲。
薄雪不盖土，麦苗稀可删。愿君发豪句，嘲诙破天悭。

苏轼《次韵舒尧文祈雪雾潴泉》诗：

长笑蛇医一寸腹，衔冰吐雹何时足。
苍鹅无罪亦可怜，斩颈横盘不敢哭。
岂知泉下有猪龙，卧枕雷车踏阴轴。
前年太守为旱请，雨点随人如撒菽。
太守归国龙归泉，至今人咏淇园绿。
我今又复罹此旱，凛凛疲民在沟渎。
却寻旧迹叩神泉，坐客仍携王子渊。
看草中和乐职颂，新声妙悟慰华颠。
晓来泉上东风急，须上冰珠老蛟泣。
怪词欲逼龙飞起，险韵不量吾所及。
行看积雪厚埋牛，谁与春工掀百蛰。
此时还复借君诗，余力汰辀仍贯笠。
挥毫落纸勿言疲，惊龙再起震失匙。

苏轼《祈雪雾潴泉祝文》(元丰元年十二月)：

噫嘻我民，何辜于天，不水则旱，于今二年。天未悔祸，百日不雨。雪不敛尘，麦不盖土。天子命我，祷于山川。侧闻此山，神龙之渊。躬拜稽首，敢丐一勺。得雪盈尺，牲酒是酢。

竹林庵旧址

在北宋文豪的笔下，此地潭深竹青，富天然之佳韵，当下却被危险地陷于喧嚣的筑路、洗矿等粗放的生产活动中，神韵难独钟。不过这两处在当下并不太为人所知的景点，当地土人虽然奇怪有人专门来看，实则泉南则青山起伏，泉边则黄花灿烂；其下游则有竹林影苍暗，有深潭水凉白（白色是有人在上游洗沙之故）。

皇 藏 峪

关于皇藏峪，《江南通志》与《大清一统志》有类似的记载："黄桑峪，在萧县东南，与龙驹嘴相连。相传汉高帝曾藏于此，亦名皇藏峪。中有秦王洞，拔剑泉出此。拔剑之北又有五眼泉，由五石窦中出，潺湲涌沸，远引上盆诸谷，流经石沟。游者称幽胜。"因此，这个关于刘邦曾藏身于此的传说与皇藏峪的地名，看来至少清初即已有之。

皇藏峪

中有寺庙，嘉庆《萧县志》记载："皇藏寺，即瑞云寺。《通志》：在萧县东南七十里黄桑峪，唐时建。按，《府志》云：元至正间建。"今名瑞云寺。

皇藏峪瑞云寺侧面

今天，作为国家森林公园，皇藏峪名副其实，山中空气质量极好，阳光打在古树与寺庙的红墙上，光影的界限分明；阳光投在树木凌空的某丛枝叶上，则在幽暗的背景下，呈现出盎然的绿意。

古代，尽管距离县治路途遥远，但文人们留下的关于此山此寺的诗篇，相比之下，却并不少。可能同样因为路途的遥远，他们入山后，并不能当日即返，往往在山寺歇宿，所以关于瑞云寺的题材又多见诸诗中，那时，尚有可以绝俗的高僧，“一灯为我开笑口，娓娓细说忘家禅”（张符升《游黄桑峪赠大樗上人》）；斜月半挂青峰之外，“灯摇佛座三更梦，风卷松涛一院声”（蒋佩《宿黄桑峪》）。趺坐佛龛青灯下，乡愁侵入了梦境。长风穿林，夏暑似秋，万籁俱寂中，一梦可洗却凡尘二十年。这就是那些古诗中描述的意境。那时没有如今这些商铺、设施和传说，没有围墙，山空寺静。

而如今，如有素斋淡泉，或可长留。

天 门 山

天门寺

天门寺与皇藏峪景区约略有一山之隔，其植被尤其是山体亦基本未遭破坏。景区之间有公路相通，在山顶的转弯处，迎向山谷的景致有些抒情。黄昏时分路过，一对年轻的情侣停车相拥于崖边，山风拂衣，松林满谷，这让人想起北岛的诗：落叶吹进深谷，歌声却没有归宿。

天门寺：“《一统志》：在萧县东南三十五里山谷中，元至正中建。《府志》：明宣德四年，知州杨秘重修，更名禅院。”

天门山：“《一统志》：在县东南三十六里，两山壁立如门，林木蓊蔚。《府志》：在焦子山东，山壁如门，溪流清沚。《旧志》：炭山东五里。”

天门寺公园内曲径

县志中收有明清时人关于天门山的游记，记游详尽，且文笔娴熟，气度闲淡，观之，则权当神游那千年未变的山脉，因此摘录于下：

游天门寺记

明·孙重光

寺距邑东南六十里许，萧之名胜处也。

岁庚子仲春八日，率寮属修祀事于颛孙氏之墟。事既，憩湖滨，四顾山光，流苍入座。其东南数峰，突兀如画，耸碧于层巘之间。维时，有朱生琥者，告曰："斯即所谓天门寺者也。寺有天枣，语者似涉荒唐，请往稽以剖群疑，何如？"予闻而韪之，乃陟重冈，涉溪流而东。入谷口，两山对立若重城复道，势入空冥，路由其中，岚光暝色，倏忽幻化，不可为象。沿溪而前，复里许，石益瘦，气益肃。又前，有石为梁，跨于修涧。度梁为寺门，仅一楹，入门引睇，松梧蓊翳之中，禅宫在焉。北倚诸峰，峰雄峙若泼天之云，下临碧殿。衣冠就列，履舄交集，香雾烛霞冲于庭牖，顿觉神清气定，万虑皆空，恍疑身出尘界，不识所谓兜率宝坊，复何似也。乃命仆夫汲山泉，烹岩茗，采园葵，荐湖粳。食已，徐步阶除，时山空夜静，籁息湍鸣，月魄当空，松阴匝地。因与二三子阐幽明，道古今，追随赓歌，望谷而止。归而假寐云堂，漏下已二十刻矣。

寺之东，数步许，灌莽之下，有涌泉仰出石窦，窦类盆盎，探之，深丈余，水色绀碧，西流穿乱石间，淙淙有声，若鸣琴瑟，又若佩玉珊珊，至梁而止。其一苦者已湮废，其途泉随溢出。

泉之东，复亩余，山势回合，截无往径。石壁碳碳如削。上多新篁古柏，意唯猿猱可度。山之北，为仙人洞，在半壁悬崖间，去地约六仞，卉木纷披，烟云霿（昧），可望而不可攀。有刘生道者，奋衣而升，至断崖，力尽而返。寺南，天枣树数枝，虬干龙枝，千百年物也。根盘大石，莫窥其痕，洵异观哉！又西为飞升石，石势崿岈拟青莲，隐约随岚涌出，虽守寺僧，亦未能至也。石西为薜萝岩，岩尽奇石，以草得名，更多修藤寿柏，禅室僧房，环其左右。相与席地其下，命酒赋诗而归。斯会也，邑博士三人，诸生六人，皆有事于墓祀者，并志之。

游天门山记

清·张名宿

客有道天门山之胜者，余耳之已久，远而僻，未得一过，每以为憾。癸卯秋，约二三同志者往游。

初至山脚下，有寺，寺外多怪石：立者，蹲者，卧者；耸身，攫拏，颠仆，踉跄；如鬼魅形，如龙蛇形。石裂不盈指，而大树茁根其上，如碗，如盂，如瓮。寺前插峰如屏，屏后有崖，如龛。崖半，树倒枝入寺，荫蔽天日。游人踏落叶而行，俯仰间，雄杰幽隽，美不胜收。东北有井当道，牧竖驱牛羊饮之。峰回路转，杳不知天门所在。

距一矢地，两山突裂，如隘巷，裂处刻字如栲栳①大，曰“天门”。稍前，折而西；又稍前，折而北；又稍前，折而东；继而又折，愈折愈

① 栲栳：用柳条编成的盛物器具。亦称笆斗。北魏贾思勰《齐民要术·作酢法》：“量饭着盆中或栲栳中，然后写饭着瓮中。”唐卢延让《樊川寒食》诗之二：“五陵年少麤于事，栲栳量金买断春。”清沈复《浮生六记·浪游记快》：“一夜，忽见数十里外有红灯大如栲栳，浮于海中。”

天门山顶雾景

曲，四方不复可辨。然愈折亦愈狭，回视烟雾空濛，百鸟飞鸣，纷纷足下。约数百仞，又有石刻曰“可阶而升”。顾其阶，每级相去各一二尺，以石片叠成。足稍欹侧，则摇摇作响，如将堕。一举足，膝必至胸，乃可达。因高吟太白“蚕丛”句，叹蜀道之崎岖，不是过也。又数百仞有削崖，镌云“仰之弥高”，直觉呼吸之气，通于帝座。而同人则气喘汗下，未有不惫者。择坦处少憩，乃登绝顶。顶亦有寺，惜无泉。口渴瀹茗，倩居人自下汲水，往来担负，竟履险如夷，盖习惯成自然也。寺旧曰“圣人厂”，后有台曰“晒书台”。周览形胜，俯视众山皆小，四野村落如弹丸。

日已暮，松风谡谡，不可复留，乃匍匐而下，下至山麓。居人云：“此山天晦则苍霭若闭，晴则映日若开。”有以知其命名天门之意矣。

或曰：“惜哉！此山不幸生此，若近城郭，加以点缀，必更有可观。”余笑曰：“君爱假山而不爱真山耶？山之著名而附近城郭者，如徐之云龙，扬之平山，苏之虎丘，皆具梗概，而济之以人工，譬之善饰美人，虽眉目如画，终欠自然。何如此山之粗服乱头，不施脂粉，自饶风韵哉！”客以为知言，因记之。

如此观来，明代，天门寺侧的天门山尚无阶梯，其上料想亦未必有“圣人厂”寺。清代才有阶可攀，后来此寺之所以被废弃，可能和山顶无泉可汲、生活不便有关。至于今人立碑称圣场寺乃“孔子讲学处”，附近一石窍则是“孔子洗砚池”云云，应多半为旁人附会。

我在一个无人且有雨的清晨，路过缀着水滴的牵牛花架，第一个进园。一个人爬上天门山顶，对面山峦雾气中隐现的青黑的松塔，其无言的身影和气势如合唱队，那种静谧中有歌流的印象就保留了下来。

陶 谦 墓

陶谦墓《一统志》：在萧县东南陶墟山。《府志》：在府城西四十里陶山。《旧志》：在陶墟山谷间，地以姓著。

——嘉庆《萧县志》卷七《冢墓》

清代邑人徐大猷作《吊陶谦墓》，是对陶谦一生功过简要的回顾、总结与评价：徐大猷，字克壮，少聪慧，读书过目不忘，性豪迈，喜交游，邑有义举，皆大猷为首倡。

吊陶谦墓

汉季无臣节，惟公大义存。
未能歼巨寇，幸已识王孙。
幡帛空儿戏，浮屠误国恩。
孤坟沉石碣，惆怅此山村。

全诗解释如下：

汉季无臣节，惟公大义存：

指“董卓之乱，州郡起兵，天子都长安，四方断绝，谦遣使间行致贡献。”（《三国志·魏志》卷八《二公孙陶四张传·第八）

幡帛空儿戏：

《三国志·魏志》卷八《二公孙陶四张传·第八》裴松之注引《吴

书》：谦父，故馀姚长。谦少孤，始以不羁闻于县中。年十四，犹缀帛为幡，乘竹马而戏，邑中儿童皆随之。故苍梧太守同县甘公出遇之途，见其容貌，异而呼之，与语甚悦，许妻以女。甘公夫人闻而怒曰："妾闻陶家儿遨戏无度，如何以女许之?"公曰："彼有奇表，长必大成。"遂以女妻之。

浮屠误国恩：

当时，陶谦任命与自己同郡的下邳相笮融督管广陵、彭城运漕，"遂放纵擅杀，坐断三郡委输以自入。乃大起浮屠祠，以铜为人，黄金涂身，衣以锦采，垂铜槃九重，下为重楼阁道，可容三千余人。悉课读佛经，令界内及旁郡人有好佛者听受道，复其他役，以招致之。由此远近前后至者，五千余人户。每浴佛，多设酒饭，布席于路，经数十里，民人来观及就食且万人，费以巨亿计。"（《三国志·吴志》卷四）（笮融此举或出于陶谦的默许）。

陶墟山

未能歼巨寇，幸已识王孙：

徐州牧陶谦的属下贪图财货，杀了曹操的父亲曹嵩，结果陶谦一度要自己独自面对前来报仇的曹操的几十万大军，这时除了青州刺史田楷，就只有刘备带着可怜的数千兵马挥师来救了，因此陶谦与平原令刘备——这个落魄但有英名的人物的人生轨迹发生了一段交集，在曹操不得已退兵回救被吕布占领的兖州老巢后，陶谦三让徐州（《三国演义》中夸张地说法），但刘备高风亮节地没有接手徐州，去了沛县。

陶曹战乱，徐州一带百姓伤亡惨重，有些地方墟落绝了人迹。逃避李傕之乱，从三辅迁移过来依靠陶谦的百姓都被杀了，“鸡犬无余，泗水为之不流。”

孤坟沉石碣，惆怅此山村：

曹操的暴行固然令世人不齿，但同时也显出他悲痛欲绝的狂怒，在曹操的进击中忧惶而死的陶谦，自然知道死后被曹操掘坟曝尸的危险，因此，埋骨山间，是一种自然而正确的选择，高低的褶皱里，你知道哪一处凹凸是这个杀父仇人的墓穴？

而且，陶墟的方位也符合逻辑和情理——尽可能靠南，是彭城郡管辖区域距离宿敌曹操此时所盘踞的山东最远的地方，再向西或向南就都到了豫州沛郡地界了。

陶墟村当地有年纪的人也不知陶谦墓在哪里，到了村西旷野前，有土人遥指远处苍莽的山地，放眼望去，合徐高速从山脚下隐隐流过。

绥 舆 里

绥舆里是刘宋武帝刘裕的故里，在萧县东南十公里处，如今这里是萧县经济开发区。

《府志》：在县绥舆山下，宋武帝故居。……《元和志》谓因里以名山，《寰宇记》谓因山以名里。

刘裕（363—422），南朝宋开国君主，字德舆，小字寄奴，祖籍萧县绥舆里，汉高祖弟楚元王交之后。在曾祖刘混时始过江，迁居丹徒之京口（今江苏镇江），刘混为武原令。刘裕应算是出身于门望较低的士族。少年时，家境贫寒，“伐荻新洲”“樵渔山泽”“躬耕于丹徒”，还

刘裕故里绥舆里

曾长期以“卖履”为业。对继母以孝谨闻名。后奋起于行伍间，成为北府兵（寒门武人集团）将领。从刘牢之镇压东晋末年农民起义（孙恩、卢循起义），义熙元年（405）平定桓玄之乱，后出兵灭南燕、后秦，元熙二年（公元420）代晋称帝，国号宋。他对江南经济的发展、汉文化的保护与发扬有重大贡献，开创了南朝的“元嘉之治”，引领了南朝近二百年的历史潮流，是江左六朝疆域最辽阔的时期，被誉为“南朝第一帝”。

王夫之是很肯定刘裕定乱代兴的“功力”的。虽然刘裕和司马炎都是通过“篡夺”上台的，但王夫之认为二者有所区别：“宋乃以功力服人而移其宗社，非司马氏之徒幸人弱而掇拾之也。”因此，他说：“汉之后，唐之前，唯宋氏犹可以为中国主也。”（王夫之《读通鉴论》卷十五）

乡贤徐大猷亦曾写过一首《绥舆里怀古》，来进行点评：

一战兰田霸气孤，可怜东邸禅皇图。
至今山畔青青草，指点儿童觅寄奴。

刘裕曾二次北伐，第二次北伐攻打羌族建立的后秦，一直攻至长安，收复了沦陷一百多年的北方大片失地和长安、洛阳等古都，并俘虏了后秦王姚泓，送至建康斩首。此所谓“一战兰田霸气孤”。

此处的“皇图”指皇位，禅皇图，一方面可能是指东晋恭帝把皇位禅让给宋武帝刘裕，第二年，刘裕即命人将住在建康南郊秣陵、已废为零陵王的恭帝司马德文杀死。另一方面，亦可能是指五十九年后，刘宋的最后一个小皇帝宋顺帝刘准，被迫禅位给萧道成。行禅让礼后，刘准即是被迁到了东邸——刘宋的太子宫。这里似乎指后者更贴切，因开国君主的功业和亡国子孙的惨况间，对比的意味更强烈。又照应了根源于刘宋的“元嘉之治”与其后即暴君频出的短暂王朝。

古人眼中的绥舆里即使荒凉也有未染的美，清人张符升在《绥舆里晚眺》中写道：

风日正闲闲，荒村独往还。
蝉声乱秋叶，人影落空山。

岭远松涛合，波明极浦环。

危亭剧缥渺，乘兴一追攀。

如今，凤凰山尾有早已弃置的石灰窑，山南则正被现代工具采掘，只有中段尚完整，山下则早已失去农业时代的面貌，代之以萧县经济开发区工业园成片的厂房。而一山之隔的徐州地界，则似乎田园更为井然，除了少量侵占山体的墓地，山岭尚且松林郁郁。

徐树铮墓

萧县东南四十里，地属官桥镇，有一个叫醴泉的村庄，这里群山环绕，西南遥望皇藏峪国家森林公园，东对新石器时代的遗址小山口，西枕皇藏峪——天门山山脉东坡（该处有苏轼长子苏迈墓），风景虽有几分秀美，但不料民国一代人豪徐树铮（1880—1925），竟然出生在这样一个山村。

徐父名徐世道，为清同治十二年（1873）“拔贡”，后被徐州镇标中军守备李秀岭聘为家庭教师，李家与袁世凯家族是世交，后来徐树铮初出江湖，投奔袁世凯，应与此有关。徐树铮家学渊源，同时天赋又很高，13 岁中秀才，17 岁获岁试一等第一名，国学修养深厚，即便日后成为一代枭雄，在军事、政务以外，仍“无时无地”诵读《十三经》。

多年以后，徐树铮孙女（徐道邻的女儿）、牛津大学艺术史博士、著名的书画鉴定家徐小虎在《被遗忘的真迹：吴镇书画重鉴》一书后记中深情写道：“遥想祖父徐州萧县徐树铮与家严终生衷心为国奉献之精神，深叹祖孙三代从来未能欢聚一堂，虎儿更自愧学问远远落后先人，让家学无以为继。在此谨以本书供奉于华夏文化史的祠堂上，作为个人一丝微不足道的心意，以告慰先人在天之灵。在此只能希望先父母和先姑父母皆能于他界笑纳虎儿诚心之作，并恕我不孝之罪。”诚孝的文辞背后，是书香的传承。

徐树铮于 1901 年冬天到济南，本来是去投奔袁世凯的，碰巧袁正在为母居丧，暂停公务，只让一位名叫朱钟琪的道员与其面谈。朱枉担了名士的雅望，却看不惯这少年的“傲岸自是”，谈话不欢而散。眼看壮志难酬，盘缠又所剩无几，万般无奈，徐树铮只好一面写信向家里求助，一面替人写字，收点润格费维持生计。一天，时任山东武备学堂总办的段祺瑞来旅店访客，正碰上一名少年在厅堂里书写楹联，观其书法冲淡有力，人物器宇不凡，便邀请至房间，一番对谈，观点不谋而合，之后徐树铮便到了段的军营充任总记室（秘书），这成为他一生的转折点。又在光绪三十一年（1905），由段保送至日本陆军士官学校步兵科就学，1910 年秋，徐树铮学成回国，任段祺瑞军事参谋，自此成为段祺瑞心腹幕僚，是北洋皖系一代俊杰，堪称治世能臣和乱世枭雄。段祺瑞“三造共和”，徐树铮是谋划和参与其事的股肱，二人一荣俱荣，步步相携。加之段氏嗜好围棋，平日惰于治事，因此一日不能离开徐树铮。

徐树铮墓

“一造共和”，徐树铮草拟了北洋军官拥护共和通电，使清廷失去了武力对抗革命派和立宪派的资本，使得辛亥革命流的血，比日本明治维新还要少得多。“二造共和”，袁世凯 1915 年底称帝后，在段祺瑞的辞职、不合作和暗中抵制之外，徐树铮写了一封约三千字的《上袁大元帅书》，请他“速下罪己之令，去奸谀之徒，收已去之人心，复共和之旧制”。“三造共和”，在黎段“府院之争”中，段祺瑞通电下野，徐树铮于是四处活动，联合北洋督军倒黎，不久在天津成立各省军务总参谋处，准备武装拥段上台，黎元洪恐慌之下，把希望寄托在驻扎在徐州的辫子军首领张勋身上，频频电邀张勋入京调停，徐树铮顺势抓住机会，先是教唆张勋带兵进京，待其于1917年7月1日拥清废帝溥仪复辟后，在天津组织了讨逆军西进，又阻截辫子军主力北上增援，待其一败涂地后，乘机收编了徐州的张勋部队。讨逆军总司令段祺瑞入京，再任内阁总理和陆军总长，重掌大权，徐树铮也官复原职。其机锋纵横若此，不虚人称“小扇子将军”。

不过，公事之外，徐树铮与张勋私交颇厚。张长期驻守徐州，对住在徐州的徐树铮家人亦多有照顾。1923年9月，张勋病故。徐树铮不忘私谊，送上挽联一副：“仗匹夫节，挽九庙灵，其志堪哀，其愚不可及也；有六尺孤，无一抔土，斯人已死，斯事谁复为之?”此联既有对故友辞世的伤感，也对其复辟行为有所批评，用典准确，入木三分，被公认为名联。

徐树铮一生政治活动中最大的亮点，则是民国八年（1919）任西北筹边使兼西北边防军总司令时，深思熟虑、果断推进，历经五个月的周旋，使得外蒙取消自治，在库仑（今乌兰巴托）期间，他写下了一首《念奴娇·笳》：

砉然长啸，带边气，孤奏荒茫无拍。
坐起徘徊，声过处，愁数南冠晨夕。
夜月吹寒，疏风破晓，断梦休重觅。
雄鸡遥动，此时天下将白。
遥想中夜哀歌，唾壶敲缺，剩怨填胸臆。
空外流音，才睡浓，胡遽乌乌惊逼。
商妇琵琶，阳陶觱篥，万感真横集。
琱戈推枕，问君今日何日?

气势沉郁宏阔，其文采若此，且忠心可鉴。

外蒙撤治后，徐树铮向段祺瑞和孙中山报喜，孙中山复电说：“比得来电，谂知外蒙回面内向。吾国久无陈汤、班超、傅介子其人，执事于旬日间建此奇功，以方古人，未知孰愈。自前清季世，四裔携贰，几于日蹙国百里。外蒙纠纷，亦既七年，一旦复归，重见五族共和之盛，此宜举国懽忻鼓舞之不已！”① 电贺其成就可与傅介子、班超相比，名留青史。

后因与冯玉祥政见不同，即积极斡旋倒冯，对冯造成威胁。1925 年 12 月 30 日凌晨一时，冯玉祥派人在廊坊车站从火车上截下徐树铮，押走不远后就地枪杀，又命民国七年因煽动军队反段，在津为徐树铮所处决的陆建章之子陆承武，连夜赶往廊坊，制造了陆承武为父报仇的假象。段祺瑞得知徐树铮死讯，放声大哭，明知是冯玉祥做的手脚，但偏偏被“为父报仇”一说弄得一筹莫展。当时南通状元张謇曾挽之以联云：

语谶无端，听大江东去歌残，忽焉感流不尽英雄血；
边才正亟，叹蒲海西头事大，从何处更得此龙虎人。

清末维新运动领导者，南海康有为亦挽之以词云：

其雄略足以横一世，其霸气足以溢九州；其才兼乎文武，其识通乎新旧。既营内而拓外，翳杜断而房谋；又扬厉乎域外，增学识于四洲。其喑呜废千人，其洞视无全牛。其飞动高歌擅昆曲，其妩媚清词追柳周。……大盗竟杀猛士兮！令人起邦国殄瘁之愁。假生百年之前，为人龙而寡俦。哀世乱而内争兮！碎明月于九幽。

张、康两老均未仕于北洋政府，且对当时武人素不轻许，而独对徐氏推崇备至，称之为“猛士”“龙虎人”，足见徐氏才兼文武，可与房、杜、韩、岳相伯仲。而其命断廊坊，则诚如段芝泉（祺瑞）为徐氏所亲撰之行状所云：“一言之不慎，遂及于祸。”

修短荣辱，冥冥中固有定数。

徐道邻为徐树铮三子，1906 年生于日本，最为徐树铮所疼爱，小时候便常随父亲东奔西走。徐树铮遇害时，他正于德国柏林大学留学，回国奔丧后，又默默返德继续学业，后获法学博士学位，然而，他的内心从未放下这段不共戴天之仇。他于 1932 年回国，不久后，为避免当时普遍的内室

---

① 中华民国史事纪要编辑委员会编．中华民国史事纪要（初搞）．中华民国八年（1919）（十一至十二月份）．1981：500。

干涉公务现象，在南京迎娶了一位德国女子舒碧春为妻。1937 年，担任蒋经国的秘书和老师，当时蒋经国留苏 12 年，刚刚归国，基本的中文会话都有问题，徐道邻奉蒋介石之命传授其传统道德文化和历史哲学。后官至行政院政务次长，为了给父亲报仇，在徐树铮遇刺二十年后的 1945 年 8 月，该案刑事诉讼之起诉权即将超过法律规定的二十年时效之际，徐道邻突然向行政院院长宋子文呈递辞职书，并向重庆市北碚地方法院和国民政府军事委员会递具诉状，以故意杀人罪控告国民党副主席冯玉祥和国民党名将张之江，成为一时的焦点新闻，但由于对方位高权重，此事最终无果而终。

他在《二十年后的伸冤》一文中说道："凡是读中国书、听中国戏、看中国小说的人，对于他，没有一件比替父亲伸冤报仇更重要的。但是我那时知道，对于我，这却不是一件简单的事情。冯是一个手握重兵的大军阀。我是一个赤手空拳的孩子，怎么能谈报仇？想要报仇，必须努力向上，在社会上有了一点地位，然后才能作此想。因此，我下定了决心：先拿报仇的精神去读书。等书读好了，再拿读书的精神去做事；等做事有点成就，再拿做事的精神去报仇！"

1926 年 11 月，徐树铮的棺木被运回家乡醴泉村草葬。

三女徐美于 1963 年曾来为父扫墓。

后墓葬在"破四旧"中遭到严重破坏。1983 年 10 月，定居美国的徐树铮长女徐樱回到醴泉村。经申请，萧县人民政府同意她在醴泉村为其父建墓。1988 年墓建成，徐樱携徐道邻继室叶妙暎回国祭扫。1991 年，徐樱第三次回国为父亲扫墓。1993 年，83 岁的徐樱在美国加利福尼亚州遇车祸身亡。

2013 年 12 月 27 日，徐小虎与表姐、表妹、弟弟、妹妹还有部分儿孙一行 17 人回醴泉村扫墓。17 人散在世界上好几个国家，其中只有 4 个人会说汉语。他们的下一辈中只有徐小虎的小儿子会说汉语。他愿意跟着母亲姓徐，她给他起名叫徐源。

醴泉村南的田野上，桃园成片，落英缤纷。桃林深处，坐落着徐树铮的墓冢，大地空旷，墓葬孤单。墓碑上刻有"前远威上将军徐公树铮/夫人夏宣之墓”，墓前两尊蹇陋的石马残缺，虽然每年依然有敬佩将军力促外蒙撤治壮举的人士，远道而来，专事凭吊，但想必自徐樱死后，已无人再来修葺了。一代人杰，埋骨于此，沉寂地下，其生前身后，动与静的反差之大，令人唏嘘……太阳下山，暮色苍茫，恰似徐树铮一生短暂的辉煌，永远消失在历史的大幕中。

汉 画 像 石

宿州市是汉代画像石墓分布的重要区域。自20世纪50年代以来，境内各县（除砀山县）都有画像石墓发现。近年来，在配合国家基本建设的考古发掘中，仅合徐高速公路建设一项，就发掘画像石墓30余座，获画像石近200块。

所谓汉画像石，实际上是汉代地下墓室、墓地祠堂、墓阙和庙阙等建筑上雕刻画像的建筑构石。其所属建筑，绝大多数为丧葬礼制性建筑，因此，在本质意义上汉画像石是一种祭祀性丧葬艺术。中国古代，“国之大事，在祀与戎”，当时社会上最优秀的物质和精神产品，通常都首先用于

汉画像石（萧县·安徽汉画像石博物馆藏）

祭祀和战争。就这点来说，汉画像石无疑应是汉代美术艺术的精华。作为一种历史现象，从西汉晚期到东汉末，伴随着疯狂涌动的厚葬风潮，汉画像石在社会上流行了近三个世纪之久。主要由画像石、画像砖和墓室壁画所代表的汉代美术，不仅是汉以前中国古典艺术发展的巅峰，而且对汉以后的艺术也产生了巨大而深远的影响，在中国美术史上占有承前启后的重要地位。特别是汉画像石，不仅分布地域广，发现数量大，而且艺术成就巨大。它以现实主义的手法，生动地再现了汉代社会生活的各个方面；用浪漫主义的手法，妙趣横生地描绘了汉代人的鬼神信仰和理想追求。可以毫不夸张地说，在中国美术史上，汉画像石是一座不朽的丰碑，是一部精深博大的史诗。随着研究工作的深入，汉画像石作为研究汉代历史和中国古代美术史的第一手资料越来越为学界所珍重。

以徐州为中心的汉画像石分布区，是汉画像石的两大发源地之一，在全国五个分布区中，是地域最广阔、汉画像石分布最密集的一个区域，所发现的汉画像石数量占全国汉画像石总数的百分之六十以上。

本分布区的汉画像石不仅出现时间早，延续时间长，题材内容丰富，雕刻技法多样，配置规律严谨，而且类型齐全，墓室、石棺、祠堂、碑、阙画像石和摩崖造像一应俱全，是汉画像石艺术发展水平最高的一个区域。

汉画像石在风靡整个东汉社会的厚葬狂潮中迎来了自己发展的极盛期。迄今所发现的汉画像石中，百分之九十都是东汉中晚期的作品，这一点正是汉画像石发展极盛期的反映。

至于汉画像石发展的下限，各分布区的情况略有不同。汉灵帝光和七年（184），东汉时期规模最大的农民起义——黄巾起义爆发。在起义军的沉重打击下，腐朽不堪的东汉王朝迅速土崩瓦解，走向灭亡。第一、第二和第五汉画像石分布区相继沦为战场。第一分布区是当时的主要战场，特别是徐州地区，在农民起义军被镇压以后，曹操、吕布、刘备、陶谦在这里反复争夺，祸乱连年。汉献帝初平四年（193），曹操攻陶谦于徐州，屠杀百姓数十万，泗水尽赤，路途无复行人。因此，这一分布区汉画像石的下限，总体上说应以光和七年为断，个别地方，如徐州周围地区可能晚到初平四年。

画像石墓葬的施工程序为：

第一，首先由丧主或死者家属雇请“名工”或“良匠”，即雕造画像石技术最好的工匠，让他们承担画像石建筑，如墓室、祠堂的设计和建造任务。

第二，由雇请的画像石制作工匠，到附近的山上挑选、开采石料。

第三，由石匠根据建筑的设计图对选采的石料进行再加工，使石料变为符合设计要求的建筑构件。许安国祠堂题记中所说的“琢砺摩治，规矩施张”，无疑指的就是这种石料的再加工过程。其中“琢砺”，说的是用凿等工具将石料进行切割并打制规整，“摩治”指的是对打制规整的石材表面进行磨光的施工程序。

汉画像石（萧县·安徽汉画像石博物馆藏）

第四，由被称为“画师”的画工在磨制平滑的石面上，用墨和毛笔以准确有力的线条绘出画像的底稿。对汉画像石的制作来说，这是一道关系作品成败优劣的关键性工序。

第五，由石工严格按着画师在石面上绘制的图像墨线底稿，用凿、錾等工具刻出图像，使其具有凹凸的立体效果。

第六，由画师对石面上刻好的画像施彩着色，使之具有与帛画和墓室壁画同样的色彩效果。正因为汉画像石上原来都施有鲜艳的色彩，所以汉代人不把它称为“雕刻”或“石刻”，而直接称之为“画”。

由于画像石的石材质地坚硬细腻，对矿物质颜料没有吸附作用，致使其色彩极易脱落，色彩能保存至今的实属偶然。从汉画像石的整体情况看，原来施绘的色彩在发现时都已脱落殆尽，将其作为绘画艺术来考察已不可能。换言之，现在我们能加以考察的，只有汉画像石的雕刻艺术表现形式了。

除少量阴线刻，即直接在石面上用阴线条刻出图像，本地区出土的汉画像石大部分属于凸面线刻。这是一种与四面线刻截然相反的雕刻技法，即在磨平的石面上，将物象以外的余白面削低，使物象面呈平面凸起，物象细部再用阴线加以表现。在构图上，大部分都采用等距离散点透视构图法，即从同一方向、用等距离的视点去捕捉所有要表现的事物，并将其描绘在画面上的空间透视构图方法。其将事物横向排列在画面的同一底线上，现实的三维空间变为艺术的二维空间，而表现不出所描绘事物的纵深位置关系，但这并不妨碍其中的精品令人赞叹的优美的线条、古雅的造型和丰繁的细节。在全国范围，已发现的汉画像石中，一半以上的图像都是用这种透视法构图的。

在汉代人的观念中，生活在凡尘间的人，尽管不能升天与诸神齐寿，但却能以“死”的形式摆脱苦难的现实世界，暂时栖身到地下的鬼魂世界，在那里获得升仙资格后，再飞升到昆仑山仙界，在那里长生不老，永远过着无忧无虑的幸福生活。汉画像石的题材内容，完全是按照这种宇宙观念设计和配置的。正因为如此，汉画像石题材内容的分类，只能遵循这种宇宙观念，分为天上世界的内容、仙人世界的内容、人间现实世界的内容、地下鬼魂世界的内容等四大类。

全国范围内，在发现的全部地上祠堂中，有纪年的石祠堂共十七座，其中有二座发现于宿州北部，分别是灵帝建宁四年（171）的宿州褚兰胡元壬祠堂，灵帝熹平三年（174）的宿州褚北乡祠堂。

在当时人的观念中，住在墓地祠堂中的祖先灵魂是由各路神灵来护卫的。因此，在表现墓祭场面的祠堂后壁画像中，祠堂图像周围往往画上一些带翼仙人和仙禽神兽。

成熟期画像石墓的主室画像按其图像学意义有六类内容。第一类是表现墓主在地下世界日常起居生活场面的画像，一般配置在主室壁上。第二类是具有辟除不祥、保护墓主灵魂安宁和尸体安全、象征吉祥大利的仙禽神兽图和穿壁图等，散布在主室各处。第三类是表现天上世界的诸神图和天象图，都配置在主室顶部。第四类、第五类和第六类分别是表现墓主升仙愿望的仙界图、与祭祀墓主活动有关的狩猎图和历史故事画像，都配置在主室侧壁。在六类画像中，前三类是成熟期画像石墓主室最常见的、比较固定的画像内容，后三类则较为少见。从主室的画像内容及其配置可以看出，在画像石墓营造者的观念中，主室的顶部象征高高在上的天穹，四壁的壁面象征其他宇宙构成部分，各类题材内容的画像根据当时的宇宙方位观念，分别被配置在适当的位置。

就萧县博物馆汉画像石的规制看，亦多为地下墓室画像石（因地上祠堂、享堂部分的画像石由于易遭破坏和流失，大都无存），门柱刻门吏图、神荼和郁垒图以及伏羲、女娲图像，门扉上配置铺首衔环和白虎、朱雀图像，前室或中室的横梁，后室、侧室、耳室的门额以及墓门门额的背面多配置仙禽神兽图和乐舞宴饮图，各室门柱和门扉的画像内容及其配置与墓门基本相同。除了墓门、后窗和棺椁画像石外，以长条形的柱、梁、门额石居多，其画面不及地上享堂部分的画像石繁复，但仙禽神兽的形态充满腾越之动感，墓主赶赴祠堂去接受祭祀的车马出行图亦较多见。根据其形制来判断其制作时间，则大都属于东汉时期，是画像石成熟期的作品。

其中的伏羲女娲图与日神羲和与月神常羲交尾图的图像学意义完全相同。羲和与常羲拥抱交尾的情节，显然意味着阴阳交合、化生万物的造物过程。将这种内容的画像配置在石棺上，毫无疑问有祝愿墓主再生和子孙后代昌盛不衰的意义。伏羲、女娲创世的神话传说有可能就是从羲和与常羲的传说演变而来。

从考古发现看，到东汉晚期，汉画像石第一分布区已经发展成为囊括画像石所有雕刻技法、作品数量巨大、艺术造诣极高、集汉画像石艺术之大成的一个汉画像石分布区。不言而喻，其影响力也跃居各画像石分布区之冠。

或许因为空间有限，萧县汉画像石博物馆中，有不少精美的汉画像石作品搁置在室外，任凭日晒雨淋，保存现状令人忧心。

石龙湖湿地

泗县石龙湖湿地

在《泗虹合志·泗虹》总河图中，石梁河及其下游汇成的天井湖那时即已有之，但《泗虹合志·山川》中并未提及今天位于两者间的石龙湖。其形成原因可能有二：一是整体上看，地域地势较为低洼，当时湖泊众多（这可能也是志书未顾及其之原因），众多的湖泊中，“旧志所载不可以道里计者多矣，夫一州境而湖之散布弥漫如此，伏秋水涨，其何以堪。”（按，州田有二，一为冈田，一为湖田，湖田者，就其地势洼下言之，雨则停潦，旱则涸出，故土人赴田者皆曰“下湖”，若竟以湖田为湖，则误矣）县城“北枕屏山，南襟淮水”，地势北高南低，位于城南二十里处的石龙湖地势更为低洼，当时这附近有白马潭，“在州南二十里龙王庙前，昔人尝见有白马出没其中，疑以为龙，故名，遇岁旱辄祷于其地”。第二个原因亦很关键，即石龙湖的来水河是石梁河，“石梁河，在州城南门外，曲折七十里至界沟，由五河达于淮，乾隆二十二年动帑挑浚，后淤，州牧刘作垣申请照业食佃力例疏之，时州治新迁，帆樯络绎，焕然改观。”（河中有石如梁，在州南二十里，水小舟止于此，不克抵城）（《泗虹合志》卷一《舆地志·山川》）石梁河名称之由来是因为“州南二十里”“河中有石如梁”，这恰恰就是今天石龙湖的位置，河道那时即经常在这里淤塞，以致后来浸为大泽。

石龙湖湿地湖中泉眼

这是泗县南部所拥有的宝贵的、觉察不到多少污染的湿地资源，撑一只木船，很快就驶入眼前只有一片一片苇岸延展的广大的湖泽中，成群的水禽不时从微蓝的水面惊起，除此之外，只有自然与风和你耳语，思绪可以容易地沉浸于往日的絮语，在人烟不再稀少的皖北平原，已经很难见到这样几乎不见游人行迹的乃至不见人迹的大泽了。

据船老大说，早年的石龙湖，湖中岛屿并不生芦苇，而是野花杂生的青葱芳甸，我想，在秋天迷蒙的晨雾中，如今的石龙湖或许多了些“蒹葭”式的苍凉，而不若当年更能引起诗人“在水一方”的遐思吧。如今被称为“龙眼”的湖中泉眼，当年也只是湖中一座小岛上一方不生草的水潭，常年翻涌。其水温常年稳定在23℃～24℃之间。

2015年的秋天，所有的开发暂停了下来，但愿日后开发完成后，还能保有这金黄落日涂抹下的秋凉与素静。

湿地正常水面为1万多亩，2009年，石龙湖湿地被国家林业局正式批准为国家湿地公园。明朝开国名将邓愈就生于石龙湖北岸龙宿里（今大路口乡）。

邓愈故里

生于石龙湖北岸龙宿里（今大路口乡）的邓愈，原名邓友德，父兄在抗元起义中先后战死，“众推愈领军事。愈年甫十六，每战必先登陷阵，军中咸服其勇”。在父亲阵亡两年后，元至正十五年（1355），18 岁的邓友德投奔朱元璋，被赐名邓愈，然后助洪武帝东征西讨 22 年，“为人简重慎密，不惮危苦，将军严，善抚降附”。克敌无数。洪武三年（1370），以征虏左副将军从大将军出定西，出甘肃西北数千里而还，论功封卫国公。洪武十年（1377）十月，在西征吐蕃后凯旋的路上，因病卒于寿春，死后被追封为“宁河王”，谥“武顺”，遗体被安葬在南京雨花台西安德门里的西山。其子孙在明四代，除了第三代邓源受其嗣母连累似乎未授官职外（因其嗣母为其伯父邓镇妻、李善长外孙女，夫妇因“善长败，坐奸党诛”），余者多被封为公侯，五传至邓文明时，其于崇祯末，死于“流贼之难”（相关引文见《明史》卷一百二十六《列传第十四 · 邓愈》）。

邓愈墓在南京雨花台区邓府山，墓前的石台上刻“山高水长”四字，据《白下琐言》卷二记载，墓道曾有门，两旁刻砖联：

高密①前勋传铁券，
宁河②懋绩著金书。

---

① 高密：此处指东汉邓禹。邓禹以功封高密侯。清吴伟业《投赠督府马公》诗之一：“上相始兴开北府，通侯高密镇西京。”刘秀当时复兴了汉高祖时丹书铁券的制度，让功臣们“世无绝嗣”，“传于无穷”。墓联的作者显然认为邓愈是高密侯邓禹的后裔。

② 宁河：距离兰州不远的和政县，古称宁河。

其征战驻扎过的甘肃和政县，有宁河武顺王庙，庙联则更顿挫有气势：

> 武顺谥前朝，想当年御侮折冲，是如何忠勇？
> 英灵照古邑，至今日祸淫福星，自不爽鉴观。

从此联中，不难体会当地百姓对他的景仰与追思，后来，邓愈甚至被奉为和政城隍。

在《泗虹合志》卷十一《人物志上·乡贤》中，邓愈被列为明代乡贤之首。

扶 疏 亭

扶疏园早在苏轼时代，就已存在。

晁说之自元祐末至绍圣初（1094）任宿州教授，其《景迂生集》卷一八《砚铭》云：“东坡居士初谪岭表，道扶疏园，遗此研宝。”陆游《老学庵笔记》卷五对此事亦有记载：“世言东坡不能歌，故所作乐府词多不协。晁以道云：‘绍圣初，与东坡别于汴上，东坡酒酣，自歌古《阳关》。’则公非不能歌，但豪放不喜裁剪以就声律耳。”把这两条信息结合起来加

扶疏亭古墨竹碑画

以推想，大约因为东坡当时年近六旬，被远谪惠阳，想到这一去很可能中瘴毒客死岭南，遇到门生，也不再掩饰，酒酣时，就放声高歌。当然，以晁说之一介穷教授，是没有扶疏园来接待老师的，扶疏园是苏轼的儿女亲家石康伯（字幼安）的。蔡襄于皇祐四年（1052）曾经写过一首诗给当时石康伯即将去做宿州知州的父亲石扬休（字昌言）——《送石昌言知宿州》，后来石家就在宿州定居了下来，从那时算起来，已有四十余年了，石家三代人完全有能力在自家经营出一个园亭来。况《宋史》中有《石扬休传》，直言不讳地称其“平生好殖财”，并且举例进行了说明：“扬休初在乡时，衣食不足，徒步去家十八年。后以从官还乡里，畴昔同贫窭之人尚在，皆曰：‘昌言来，必赒我矣。’扬休卒不挥一金，反遍受里中富人金以去。”

而亲家翁石康伯有一个最大的癖好，就是喜欢书画。在这样一个晚上，眼看苏轼要一去而永诀了（后来事实亦如此），趁机捧出宣纸让其留画，这简直是一定的事了。东坡取出了自己的歙砚，自言这是自己当年应制举时的旧物，说话间，应该就画了一幅墨竹，为什么画的是竹呢？因为苏轼善于画竹，而石幼安也喜欢竹画，幼安情如兄弟的好朋友文与可就是专门画竹的大师，这些，可以参见苏轼的《〈石氏画苑〉记》：“石康伯，字幼安，蜀之眉山人，故紫微舍人昌言之幼子也。……其家书画数百轴，取其毫末杂碎者，以册编之，谓之《石氏画苑》。幼安与文与可游，如兄弟，故得其画为多。而余亦善画古木丛竹，因以遗之，使置之苑中。……今幼安好画，乃其一病，无足录者，独著其为人之大略云尔。元丰三年（1080）十二月二十日赵郡苏轼书。”那晚，苏轼最后不胜酒力，以至就寝前和后来出发时，都忘记了把自己的歙砚收好。

至于扶疏园在城中什么方位，则似乎没有交代，想来宿州知州选的宅基地，应该是靠近商业区的河景房，那么今天中山街西段有已经考古确定的运河码头遗址，符合这个条件，所以大约在靠着这处遗址北边一点的位置。

既然有扶疏园，那么很自然，如有亭子叫“扶疏亭”，就该位于此园中。临河堤高岗而建的扶疏亭显得很高拔；或许是建在了其他的高坡，如人造土山之类上。但无论如何，不会把自家庭园里的亭子建到城垣上去，这于理不合（再者这也会影响到城防的安全，实际上，清朝嘉庆七年十二月，“教匪”王潮名结党作乱，乘夜袭杀知州张鼎，放火劫狱。城守把总等阵亡多人，城陷，贼据州署，各地援兵苦无制敌之策，最后，还是寿春总兵王集“用火攻，由扶疏亭入”，方平贼）。

苏轼的长子苏迈曾有《扶疏亭诗》：

石园耸画亭，铁线坦夫成。
拱角腾云里，翰林振苑声。

苏迈与他父亲最大的区别，就是，作为一个文豪的儿子，一辈子却几乎没什么诗作能流传下来。他的这首诗尽管也不见于载籍，惟录于《眉山堂苏氏族谱》，但是伪作的可能性不大，因为这部《眉山堂苏氏族谱》的编写是有一定的历史与宗族的继承性的，有一定可信度，尤其类似这种包含一些地名、人名典故的古诗，伪作的难度既大，因又无过分夸大之辞，刻意作伪的必要性似乎也不大。诗中的坦夫即石康伯之子石夷庚，苏迈内兄。不怎么写诗的苏迈这回对着岳丈家的画亭写了一首诗，或许是因为这亭子摹画有他父亲的“墨竹图”什么的吧。反正不管怎么说，石家的扶疏园里果然有扶疏亭。而且石家父子如此好画，苏轼又是声动天下的名士，将其所画之墨竹摹勒于碑，置之亭中，也是很有可能的事情。

又过了近400年，明代弘治年间宿州知州曾显于弘治十二年（1499）编修《宿州志》，在其“亭台”节内有记载：“扶疏亭，在州治北城上。东坡守徐时，遗墨竹一本于宿，好事者刻诸石，构亭贮之，名曰‘扶疏’。元季兵燹，倾圮荡尽，几二百年，人无知者，弘治十一年，显知宿州，因读金元素《书惠义堂》：‘扶疏亭下多荒草’之句，遂询诸父老，披寻旧刻，得残碑二块于污秽中，乃与判官张仲源、唐伟，宿卫指挥史周汉，聚材拓基，构亭以复。”

此时，距苏迈过世也已经过去380年了。

其间，有元代任宿州学官的陈复，在其《宿州作》诗六首其二中，曾再次提到“亭扁扶疏竹，双碑洗子瞻”。

但不知何故，曾显要认为扶疏亭“在州治北城上”，或许是因为惠义堂真的如光绪《宿州志》所云：“即州治之后堂。”所以他要在州衙后也给扶疏亭找一个位置？他还念错了一个字，将“扶疏亭畔多荒草”复述成“扶疏亭下多荒草”。如果真的是“近二百年，无人知晓”，曾显也只是通过读金元素的那首诗才对此事知道一点的话，那么，就是他将“扶疏亭畔多荒草，惠义堂前有断碑”这两句诗，以及日后找到的墨竹碑，再加上苏轼曾做过邻近的徐州牧的常识，简单地连缀了一下，成了新扶疏亭故事。

接下来的事情是，出于对苏轼的仰慕，后世州守一有机会就不停地修这个北城上的亭子，“崇祯末知州李掞林、国朝康熙间知州高其佩、臧宪祖，暨历任递加修葺，其真迹于乾隆甲辰（1784）、乙巳间失去”。（光绪《宿州志》卷四《舆地志三 · 古迹》）这个亭子的城基一直存留至今。清代还是“宿州八景”之一，名“扶疏余韵”。

而且在清代，明代建了这个亭子的曾显当年说不清的一个细节，即东坡将其墨竹图所送为何人也有了着落，那就是苏轼牧徐时的宿守本人，他刻了墨竹碑图，又在州署后城墙上建了这个亭子保护这个碑，建亭的而不再是曾显所说的“好事者”。于是这个故事变得更完整、“合理”了。

有了苏轼的墨竹碑和扶疏亭，山水瞬间会变得诗意许多。乾隆七年，王锡蕃任宿州知州，迎其父王人杰就养于宿州官舍，宿州山水一开始令老人家很不满意，但在知道了官署后城垣上扶疏亭的故事后，老人家“喜甚”，重修了扶疏亭，一遇晴和天气，就“偕三四姻旧，循城阴而登焉”，风景也变得可观了许多：“倚城北瞩，则符离远水，丰阜遥岚，东拂西萦，胥油油然，回巧献伎于杖履之下。若乃麦浪翻风，荷香挹露，银蟾夜皎，玉屑晨飞，四时之观，亦皆有可乐者。然则宿地虽无名山水，而日登斯亭，不如入崇岩邃谷中耶？”

乾隆五十五年的州守姚继祖所作《重修扶疏亭》也很有文采：“州廨后有亭名曰‘扶疏’，翼然临于城上，盖东坡守徐日，以墨竹遗宿牧得名也。年来荒陋不治，将使胜迹郁湮，是贻司土者之愧。予归自京师，加修葺焉，建月槛于高寒，出风栏于空阔，退食临瞰，犹觉绿卿青士，相往来于晨风宿露间，王子猷云：‘何可一日无此君’。盖非坡公之灵，斯亭亦不足以垂千古，予借以颜之，愿后之莅斯土、登斯亭者，劲节虚心，无忘长公之遗韵可也。”

前文光绪《宿州志》中提到曾显找到的那两块残碑既然已于乾隆甲辰（1784）失去，那么我们今天看到的墨竹碑应是之后重刻的，光绪时人大概都知道这一点：“闻说遗碑曾羽化，琅玕摹勒倍清遒。”（邵心豫《扶疏亭有怀》），但在东坡的光彩笼罩下，仍对着摹碑倍加感慨。这块清人制作的碑上面还“并为写照”，题了一首元丰七年甲子（1084），苏轼游江州紫极宫时所作《和李太白（并叙）》诗的前四句：“寄卧虚寂堂，月明浸疏竹。泠然洗我心，欲饮不可掬。”落款为“东坡居士”，印章为“子瞻”。

赛珍珠故居

1892年6月26日，美国传教士赛兆祥的一个女儿降生在他妻子凯丽位于希尔斯伯露的娘家，取名珍珠·安慰（Pearl Comfort）。她是凯丽的第五个孩子、唯一在美国出生的孩子。1896年，赛家搬回镇江。接下来的二十五年，他们一直住在那儿，赛珍珠在镇江度过了自己大学前的童年和青少年时期。赛珍珠在美国弗吉尼亚州的伦道夫——梅肯女子学院上的大学，但毕业不久便又回到了中国。其后不久，她跟她的第一个丈夫洛辛·布克结了婚并开始家庭生活。数年中，他们夫妇俩生活在充满农村气息的安徽省的“南徐州”（即宿州）。

日本侵略军空袭宿州后的赛珍珠故居所在教堂建筑

辛亥革命后，热切的教会志愿者们立即来到中国，其中有个年轻人名叫约翰·洛辛·布克，他将在中国驻留近三十年，并最终在农业经济学领域跻身杰出学者之列。他的两部书——《中国农家经济》和《中国土地利用》，是这方面首创性的著作，并一直是后两代研究者的案头必备读物。布克在他的著作和教学中，将数据分析法运用到中国农业上。虽然他的结论一直是学术界争论的课题，但他的工作永久性地改变了对中国农业提出和解决问题的方式。

布克 1914 年毕业于康奈尔大学，在农村经济的新领域拿到了学位。作为一个农民的儿子，在家人和朋友的印象中，他诚实但缺乏幽默感。他于 1890 年生于纽约州的达齐斯郡，靠做领班侍者和经营一个包餐宿舍来供自己完成了学业。他在念本科时对中国发生了兴趣，成了中国研究俱乐部的成员。他们在每个星期天上午聚会。这个团体的发起人是一位名叫约翰·赖斯纳的研究生，他不久成了南京大学农学院的主任，也是布克的主要赞助人之一。

尽管他没有受到过神职委任，但布克还是向长老会海外传教协会提出申请，要求被任命为一名农业传教士。他的学位证书使他成了一个颇有吸引力的申请人。他很快就被派往宿州。该地区位于安徽省境内，在南京西北二百英里处，是一个种植小麦的穷地方。那里的传教站在两年前刚刚建立起来。选中那里，部分是因为有一条铁路线不久前竣工，使得那里将来可能有所发展。

尽管他坚持说他的最终目的是为了传教，但他没有任何布道或劝人入教的实际愿望。和中国人的总体信仰问题相比，他对改善他们的物质生活更感兴趣。他认为教会应该进行实质性服务，例如介绍改良种子或提供组织合作农场的消息等。

1916 年 2 月，他到达宿州后不久就写信回家，让他的家人分享他对那个地区和那里的民众的第一印象。他已来到了中国最穷困的地区之一。镇子本身相当偏僻，挤满了一堆单层的土屋，都蜷缩在一道十英尺高的围墙下面。四周的农田属于平坦而无防护林的皖北平原，容易遭受高温、严寒、大风以及定期洪涝的袭击。大水经常毁坏生长缓慢的中国小麦，其灾难性的结果就是饥荒。

像中国北部传教团体的其他人一样，布克的每个夏天都在庐山牯岭度过。1916 年 8 月，他写信告诉他母亲，“上个星期四晚上，我有幸接受一位年轻漂亮的女士的邀请去共进晚餐，而且是在她自己家中。她是个地道的弗吉尼亚女孩，虽然除了上大学的四年以外，她一直是在中国过的。”这是布克和赛珍珠的初次见面。

宿州赛珍珠故居

1917 年 2 月，这一对新人订婚了。他们订婚后不久，赛珍珠就向长老会海外传教协会申请要求一个传教士妻子的任命。

1917 年 5 月 30 日，他们在镇江赛家的花园里举行了婚礼，随后去牯岭度夏。

后来的事实证明，这场结合是一个令他们羞愧的失败。赛珍珠的快乐只持续了一两年，然后逐渐变为后悔和一种沉重的确信，认为她已铸成了一生中最大的错误。这场婚姻以其顽固的方式拖了十七年，多年后，当她解释 1935 年和布克的离婚时写道，他属于那种“由于性情上的原因而无法与另一个人亲近的人”。

但在 1917 年夏天，婚姻的苦恼对她来说还只是将来的事。在庐山度过蜜月后，赛珍珠和布克搬到宿州去开始他们的共同生活。那里，无论从哪个方向看，都是平淡无奇的贫瘠土地，一直接到天边，打破这景象的只有散落在田间的一丛丛小村庄和一个个坟丘。从安徽平原上不断刮起的尘土落的到处都是，那里的小镇和人们变得灰头土脸，死气沉沉。布克夫妇设法找到了一个不大但还顶用的家，那是一对传教士夫妻新近腾出来的。门窗挡不住尘土，灰粒从每个缝隙里钻进来，盖在屋里所有东西的表面。

美国基督教长老会在宿州开办了教会学校——含光学校、启秀女校，建立了农业科学试验部（农事部），1913 年创设了教会医院——民爱医院（今市立医院）。布克是农事部最早的负责人之一，兼任含光学校农业课教师。他的妻子赛珍珠在启秀女校教英文课。

渐渐地，赛珍珠对宿州和当地人们的态度转变了，从早期的暴怒向宽容转化，甚至有些动情了。事实上，多年后当她回想乡间生活时，她喜欢忆起她交的中国朋友，忆起那里粗犷的风景所特有的壮观，以及从农家没完没了的辛勤劳作中生出的完整性。她以尊重的笔调写起操持大家庭的常太太和吴太太，但她将最热情的评语留给了农民：“他们承担着生活的重负，做得最多，挣得最少。他们与大地最亲近，无论是生是死，是哭是笑，都是最真实的。对农家的拜访成了我对现实的探求。”

值得一提的是，赛珍珠和布克对宿州的反响并不一致。当她慢慢地逐渐喜欢上那个镇子和那里的居民时，他却因为工作的进展缓慢、停滞不前而开始泄气。他全力对付着农民们的抵制态度，但有限的基金使他无能为力。在这个关头，布克收到了约翰·赖斯纳一个及时的邀请，让他到金陵大学任教。赖斯纳在那里新成立的农林学院担任系主任，给布克在系里留了一个职位。尽管有其他传教士批评布克，说他要荒废圣职，他还是毫不犹豫地接受了赖斯纳的邀请。他和赛珍珠在 1919 年下半年搬到南京。他在金陵大学待了二十五年，直到在二战的最后几个月中被迫离去。

布克夫妇在宿州只过了两年半，时间不长，但对赛珍珠的写作生涯有决定性的影响。她声称她一直就知道自己会写作，她在伦道夫—梅肯学院的文章和故事也曾得过奖。然而，是宿州给她提供了素材，提供了使《大地》广为流传的人物和他们活动的背景。

《大地》是美国 1931、1932 年最畅销的书，《大地》改变了赛珍珠的一生。

《大地》刚刚面世时，怀着复仇心理的东方主义论调，仍然左右着美国人对中国的看法，赛珍珠借小说与这种流言蜚语作斗争。以前美国人笔下的亚洲呆板单调，到了她的作品中就变得有根有据，合乎实际。她怀着同情乃至一种亲人般的情愫，用勤劳、普通的农民家庭来代替“不可思议的东方”“华人异教徒”。赛珍珠为美国对华态度的转变做出了巨大贡献。她鼓励两国之间重视团结。到了20世纪40年代，中、美两国果然建立了重要的战略关系。

1937年1月底，米高梅公司拍摄的《大地》在全美公映。影片历时数年方制作成功，其间换过六七个剧本，外景地横跨太平洋两岸。导演前后换了三人，这部片子受到了评论界的热情赞扬。赛珍珠说，“连素以冷嘲热讽著称的《纽约人》”也做出了热烈的反应。

1938年11月11日成了赛珍珠生活中极为重要的日子，当日清晨，美国全国广播公司转播了斯德哥尔摩发来的一则英文通知，宣布赛珍珠荣获1938年的诺贝尔文学奖。

赛珍珠具有西方式的分析和表达的敏锐，面对宿州苍莽不言的天地和死死生生的人民，她准确地概括和感叹道：大地。她在杰作《大地》中，通过阿兰这一形象生动地表现出中国传统女性的坚韧之美，通过对宿州乡间景色和城里黄家大院的描写，正确地捕捉到蕴藏在地域历史中的自然景观和传统美学文化心理的部分秘密。

赛珍珠夫妇在宿州的由“传教士夫妻新近腾出来的”家，位于今天宿州大河南街上的“宿州基督教福音堂”，现今仍为“牧师院”。当时的福音堂属于美国基督教长老会，它是美国传教士们的信念在一个贫困外省的奇异展现与存在，后来在1938年经历了空袭中日军对古城的狂轰滥炸而相对完好（见附图）。其礼拜堂及其西侧的赛珍珠故居，后虽经修缮，但大致仍保持着当年的风貌。

（本文主要摘编自美国学者彼德·康的《赛珍珠传》）

隋唐大运河

隋唐运河在开封以下称通济渠（唐代又称汴河，其堤被称为隋堤）。2014 年，作为中国大运河的一部分成为世界文化遗产。

该运河是隋唐以及北宋时的交通大动脉，京城所仰仗的来自江南的供给，经由汴河运抵，李邺侯所谓“江淮漕运，自淮入汴，以埇桥为咽喉”。因此，宿州在唐代即因此成为重镇：“汴为黄河支流，唐于埇桥置宿州以镇汴，今汴水堙而汴堤尚存。”

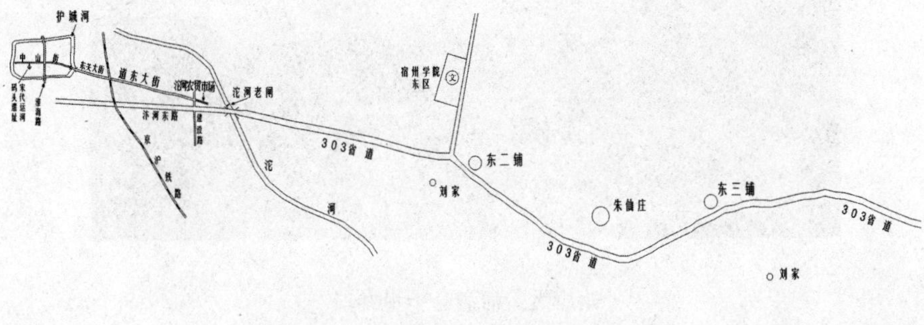

隋唐大运河宿州城东流径示意图

“宋时，东南之漕率由此以达京师，南渡后渐堙。”在七百年前的南宋初，汴河即已堙废。

元泰定初，“黄河行故汴渠，仍于徐州合泗水至清口入淮，而泗州之汴口遂废，汴水堙塞，埇桥亦废。汴水已堙矣，而宿州建于汴水侧，汴水之通塞，关州之利害。”

渐渐地，汴河无从寻觅，只留下了河堤，“汴水安在？曰即今州城外之汴堤也。汴乃黄河支流，名为浊汴，岁久沙积，故汴没而堤存耳”。河虽因为黄河泛滥而淤废，但长长的汴堤却成为大平原上的道路和洪水时的阻水堤：“宿州地势，隋堤中分，堤北畏黄水，堤南畏淫雨，自乾隆年间大兴水利，旋多壅阏。”“诸水在汴堤迤南，惟绘河为大，今虽渐淤，尚畅通舟楫，每逢淫潦，被灾不至如堤北之甚。”（乾隆）“五十五年，黄水大溢，隋堤以北庐舍全没，民多露处巢栖；冬大雪，奇寒。”（光绪《宿州志》卷五《水利志》）

清光绪时，四门之中，西门曰“连汴”，东门曰“望淮”，连着这条过去是隋堤的古道。

隋唐大运河泗县十里井段

“睢阳古道”是过去宿州八景之一，当年顺古道一路行来，沿途应是老树昏鸦、西风瘦马，至于行人是否断肠，则可参见关于隋堤的数量众多的历代怀古诗歌（选附于文末）。

在宿州境内，城区内除外，多数时候隋唐运河流经的就是今天的303省道，大体它是一条斜向东南的直线，只是在宿州东边的东二铺至东三铺间，有一段弓形的弯曲。在光绪《宿州志·艺文志》中，辑有一首怀古凭吊诗，诗行及题记中叙及了城东的这段隋堤以及一段掌故，原诗如下：

刘家阙怀古

清·沈钦琦

刘家阙在宿州城东二十五里，隋堤北，汉晋时刘氏族居于此，先茔在焉。

隋堤曲如弓，东西十余里。
北有刘氏茔，千百年于此。
闻昔炀帝时，巡游濬汴水。
茔适当其冲，堤势为南徙。
地因以阙名，今犹存遗址。……

宿州城西、城东的地名均兼具准确的计程功能，城东有东十里铺、东二铺集、东三铺集、东四铺集，它们作为官府东路的“铺递”，其名至少在明嘉靖年间的《宿州志》中就已经出现了。东二铺集、东三铺集分别距州城东门望淮门二十里和三十里，而从东二铺起，303 省道开始向东南转折一个约 25 度角的弧度，并在东二铺、东三铺之间的朱仙庄镇到达这一弧度的顶点，而后开始折回东北方向，在东三铺复折向东南，大抵回到其东二铺以西的角度与走向（参见附图），这与诗中所述的隋堤在位置、长度和形状上正相吻合。

东三铺集以东，宿州和灵璧交界的路段，则 303 省道和路南平畴间的形势常常像真正的堤坝，陡峭而下，落差达二米之高。这和路北有所不同，路北也低于公路，但垂直落差不似路南那么明显，而是逐渐向北倾斜低去。其中的原因，用 303 省道是隋堤的南堤来说明，则可以得到较为合理的解释，即由于通济渠的水引自黄河，泥沙含量很大，日久淤积的结果，是其成了一条地上河，路北是河床，所以河床与河堤的落差并没有河堤与堤外的平地落差那样明显，加之五代以来黄淮平原上战乱频仍，大面积的森林植被遭破坏，“尤其是在南宋建炎二年（1128），杜充决开黄河大堤，黄河夺泗入淮以后的 700 余年间，黄河洪水在黄淮平原上任意漫流，使汉唐时期上百个大小湖沼、陂塘，几乎尽被黄河的泥沙所淤平。”（姜加虎等《江淮中下游淡水湖群》）因此堤北平陆泥沙淤积的机会与程度亦大过堤南。

光绪《宿州志》中亦有相关记载："隋隄贯州城自西而东，……今之汴隄即隋之御道，王阮亭曰，宿州东门道为汴隄，古隋隄也。"（卷四《舆地志·古迹》）这里所说的王阮亭即王士祯，康熙二十三年（1684），王士祯奉命祭告南海，于十二月"十六日，发宿州东门，经汴堤，有诗怀古"。这首怀古诗即为《隋隄曲》，其题记内容如前所云。今天的东门道应属于中山街（实际是大河南街）东出护城河后的延伸部分，在京沪铁路以西名东关大街，以东名道东大街，而非303省道市区段的汴河路。它们今天看来尽管局促狭窄，但在城区未拓展前，却是宿州老城的干道，实际上从唐元和四年置州以来，宿州就是"以隋堤为州基"（卷三《舆地志·川》）的。

与隋唐大运河故道交汇处的沱河河道

运河故道在接近今天泗县县城的时候，开始折往东北，其中的原因，很可能是为了利用距此九公里外的濉河河道，这一个转折使得运河故道摆脱了旱路干道的功能，外加濉河河水的连通，因此，从濉河到护城河，留下了一段直至今日仍然可以泛舟的"活态运河"。站在木桥上凝望晨雾中两岸苇丛沉寂的运河河道，想象白居易、苏轼乃至李白等众多先贤文豪都曾从此泛舟而过，于是你停步静心，聆听传统，这就是传统景观的作用。

在唐代和北宋，汴河尚是交通大动脉，在中原与江南（包括江西）间往返的人们，大都会经过这条繁忙的运河，这其中自然包括那些国人耳熟能详的著名文人：

隋堤柳

白居易

隋堤柳，岁久年深尽衰朽。
风飘飘兮雨潇潇，三株两株汴河口。
老枝病叶愁杀人，曾经大业年中春。
大业年中炀天子，种柳成行夹流水。
西自黄河东至淮，绿阴一千三百里。
大业末年春暮月，柳色如烟絮如雪。
南幸江都恣佚游，应将此柳系龙舟。
紫髯郎将护锦缆，青娥御史直迷楼。
海内财力此时竭，舟中歌笑何日休。
上荒下困势不久，宗社之危如缀旒。
炀天子，自言欢乐殊无极，岂知明年正朔归武德；
炀天子，自言福祚长无穷，岂知皇子封酅公。
龙舟未过彭城阁，义旗已入长安宫。
萧墙祸生人事变，晏驾不得归秦中。
土坟数尺何处葬？吴公台下多悲风。
二百年来汴河路，沙草和烟朝复暮。
后王何以鉴前王？请看隋堤亡国树。

汴河路有感

白居易

三十年前路，孤舟重往还。
绕身新眷属，举目旧乡关。

事去唯留水，人非但见山。
啼襟与愁鬓，此日两成斑。

注：长庆四年（824）五月，白居易杭州刺史秩满，“行行弄云水，步步近乡国”，从汴河经行埇桥时有满怀乡愁的感慨。

灵璧张氏园亭记

苏　轼

道京师而东，水浮浊流，陆走黄尘，陂田苍莽，行者倦厌。凡八百里，始得灵璧。……

这是苏轼从商丘一路舟行，对于今天主要属于皖北境内运河两岸风物的观感。

淮上早发

苏　轼

澹月倾云晓角哀，小风吹水碧鳞开。
此生定向江湖老，默数淮中十往来。

注：元祐七年（1092）九月作。

虽然以上两位著名诗人并未涉及到怀古的题材，但其他诗人一触及到这一题材，看到隋堤烟柳，皆触目成愁，替古人空抱一腔愁怨：

彭城用兵后经汴路

越州　吴　融

唐懿宗咸通九年冬，庞勋叛，攻陷宿州，诏以康承训为招讨使讨平之，复宿州。

隋堤风物已凄凉，堤下仍多古战场。金镞有苔人拾得，芦衣无主鸟衔将。

秋声暗促河声急，野色遥连日色黄。独上寒城正愁绝，戍鼙惊起雁行行。

隋　堤

吴　融

搔首隋堤落日斜，已无余柳可藏鸦。
岸傍昔道牵龙舰，河底今来走犊车。
曾笑陈家歌玉树，却随后主看琼花。
四方正是无虞日，谁信黎阳有鼓笳。

过宿州汴堤

庐陵　彭　勖　学使

春风匹马汴河堤，西望秦川路已迷。
只为看花人未返，满沟杨柳乱鸦啼。

宿道纪怀

太和　曾　显　滁守

二十年前过此州，那堪今日又重游。
隋堤一带还如旧，不识看花人在不。
羊裘拥雪据征鞍，画角吹霜晚色寒。
急著一鞭催去马，举头红日近长安。

夜过隋堤

郡人　卜梦熊　新城知县

荒城寥落不闻鸡，夜半催行信马蹄。
野色茫茫浑不辨，携将残梦度长堤。

新　汴　河

落日下的新汴河刘闸段

新汴河自西向东，横穿皖东北大地，是一条平地上人工开挖的大河，是沟通皖、苏两省的大型综合利用河道。由于河线临近古汴河故道而得名。

新汴河自宿州市区西北五公里戚岭子截引沱河开始，穿过当时的津浦铁路，再截引濉河，经灵璧县、泗县到江苏泗洪县。穿过溧河注入洪泽湖，长达127.1千米，加上引河部分，共长达135.8千米。

新汴河虽然只沟通皖苏两省，但水系却涉及豫、皖、苏三省15个县市。共截引沱河、濉河流域面积6562平方千米，其中河南省3150平方千米，安徽省3334平方千米，江苏省78平方千米。排涝标准为5年一遇，防洪标准为20年一遇，校核流量为50年一遇。

新汴河工程于1966年10月经国务院批准兴建。当时宿县地区范围比较大，包括今宿州市4县1区，淮北市濉溪县以及蚌埠市怀远、固镇、五河等县。1966年11月新汴河正式开工。宿县地区全面动员，组织30多万人的挖河大军奔赴工地，其中6万多民工被派往江苏省泗洪县施工。河南省商丘地区动员民工10万多人。吃苦耐劳的淮北人民，经过三冬四春的艰苦劳动，于1970年5月全面完成新汴河开挖工程。接着又干一年，于1971年6月完成建筑物工程。

新汴河宿州东段

新汴河工程浩大，共完成土方1.4亿立方米、石方10万立方米，建有3座由节制闸、船闸、翻水站组成的大型水利枢纽，公路桥3座，新建和改建铁路桥各1座。施工最困难的是徐岗切岭一段，长6.7千米，最深处切岭19.8米，土质坚硬，用镐刨锹挖，效率极低。最终众人克服了重重困难，保证了任务的完成。新汴河的建成，比较彻底地解决了宿县地区濉河、唐河、沱河等内河排水问题。其中大量投入是群众无偿和半无偿劳动。主要靠人力挖掘出的新汴河，其劳动之艰苦，在许多上海等地1969年开始插队皖北的知青回忆录中也都有具体的记录。砀山县在兴建新汴河过程中还有60多位民工献出了宝贵的生命。

今天的新汴河，从景观的角度来看，在市区东北其与沱河交叉的三角地带，建成了三角洲公园，围绕公园正在兴起宿州起点高、发展快、绿化好的政务新区。其宽阔清澈的水体，在缺少大河的宿北平原，尤其显得宝贵；从市区到刘闸，新汴河十多千米长的宽阔的堤岸，形成了富于生态、休闲价值的绿化带。新汴河已成为宿、灵、泗一线人民新的母亲河。

（本篇主要摘编自安徽省政协原副主席、新汴河工程指挥部党委书记孟亦奇等的《治淮60年纪念文集·新汴河纪事》一文）

蕲县故城墙遗址

蕲县首先因举世闻名的大泽乡起义而令人侧目，因为大泽乡在秦末正属于蕲县地界：

大泽乡，古地名，《后汉书》曰："蕲有大泽乡，陈涉起此"。徐广注曰："在沛郡蕲县。"（光绪《宿州志》卷二《舆地志一·古地考》）

蕲，古地，周末属楚。秦置蕲县。（光绪《宿州志》卷二《舆地志一·古地考》）

秦制天下郡四十，宿为泗水郡，置相县、铚县、蕲县、苻离县，另置阳城县，陈胜生处。（光绪《宿州志》卷二《舆地志一·沿革》）

蕲县故城墙遗迹

陈胜和吴广不朽的“革命首创精神”的光芒也首先照耀到了蕲县：

二世元年秋七月，陈胜等起蕲，攻大泽乡、蕲县，令苻离人葛婴将兵狥蕲以西，攻铚县，皆下之。是时，天下苦秦，铚人董绁、苻离人朱鸡石皆应之。（光绪《宿州志》卷十《武备志二·兵事》）

陈胜自立为将军，吴广为都尉。攻大泽乡，收而攻蕲。蕲下，乃令符离人葛婴将兵徇蕲以东。攻铚、酂、苦、柘、谯，皆下之。（《史记·陈涉世家》）

因此，蕲县城墙应至少从秦代在此置县时就已存在。

宋金之交，宿州为双方交兵前沿，“宁宗开禧二年（1206）（金章宗泰和六年）五月，宋马军司统制田俊迈入蕲县，攻宿州，金纳兰邦烈等出兵击之。宋将郭倬、李汝翼继至，围宿州，为邦烈等所败。俊迈退保于蕲，金人追而围之，倬执俊迈与金，乃得免。金复取蕲县，宋军并解苻离之围而去。”（光绪《宿州志》卷十《武备志二·兵事》）“癸卯，郭倬等还至蕲县，金人追而围之，倬执马军司统制田俊迈以与金人，乃得免。”（《宋史》卷二十九）“金人追而围之”，表明蕲县在宋金对峙的时候仍有可守的城池。同样的道理，据“元徐州总管李果哥降于宋，严忠嗣从大帅按脱攻蕲县，复徐州”，使得这一时间点还可继续下移至景定三年（元世祖中统三年）（1262）。之后，蕲县就不再作为一座城池出现于历史上了，其时间点和“元时，并入州，蕲县废”有意味地吻合起来。也许从那个时候，老蕲县的城墙即开始渐渐消失在了岁月的深处。

阎尔梅是明清之交的沛县抗清义士，明亡后力图复明，为复社巨子，早年往来南北，奔走联络，经常路经宿州，有诗《蕲县题张大草亭》曰：“高堤环抱古蕲州，驱马南来麦已秋。歇在桃花深处饭，满天暑雨水东流。”

诗中云“高堤环抱古蕲州”，虽未提及城墙，但他那时所看到的“环抱古蕲州”的高堤，较大可能即为虽属残存但四围尚还完整，且应远高于今址的蕲县故城城垣。

如今残存的基垣在蕲县镇北，土垣高约七尺，长一千米左右，应是故城的北段，因为据有关资料记载，城南段是紧挨着镇南的浍河的：“南墙沿浍河北堤而筑4门。”（《安徽省志·建置沿革志·1999》）残垣被206国道分为东、西两截，其上皆植有塔松，相较又被乡村土路再次分割的西段，东段故城垣长度虽短些，但形态相对完整显明，状似土堤（城砖估计明朝就不见了）。蕲县周边无山，好不容易有了这块“无主”之地，附近众人纷纷埋骨灰于此，因此“城”上冢堆遍布，东段更有树门刻字宣称为自家“林地”者，不过，如此，相对于西段被玉米地所蚕食的光景，倒也起到了一定的保护之效。

蕲县是有名的乡贤赵孝故里，“赵孝故里，在蕲县故城东”。赵孝，字长平，东汉初人，以孝友称，显宗闻其贤，诏拜谏议大夫，迁侍中，又迁长乐卫尉。(参见光绪《宿州志》卷十九《人物志三·孝友》)

其女少习仪训，娴于妇道，为周郁妻，郁骄淫轻躁、多行无礼，赵氏以故见责于郁父，遂自缢，时人伤之。（参见光绪《宿州志》卷二十八《列女志·烈妇·汉》）

因此后世多有人写诗凭吊，清乾隆时邑绅沈钦琦有诗曰：“步行蕲东门，荒原多古木。人言赵长平，曾此结茅屋。”（《赵孝庐》）

蕲县一带在清代中期的生态、景观和更早时的人物、民风，由此可见一斑。其他以孝闻者，上至东汉太尉施延、明初蕲国公康茂才，下至割股啖父疗疾之平民邱承烈，在在多有。关于田园时代的自然环境，还可补充一条，在刘宋“元嘉二十年（443），蕲县获白鹿，太守邓琬以献”（光绪《宿州志》卷三十六《杂类志·祥异》）。

涉故台

涉故台，在今小刘村，即陈涉篝火狐鸣处，士人讹为“射鼓台”。

——光绪《宿州志》卷四《舆地志三·古迹》

陈胜，字涉，阳城人。常举兵，诈称扶苏、项燕，自立为将军。六月，自立为陈王。当秦之虐，天下无敢西向者。王勃然奋发，目无全秦，刘、项因而继起。故《朱子纲目》予之。汉高帝于其卒也，为葬砀，置守冢数十家，谥曰“隐王”。

——光绪《宿州志》卷十一《官爵志·封爵》

涉故台雕像

“陈涉者，阳城人也。”（《史记》）关于阳城的地望，众说纷纭；但对于大泽乡的所在，则从来都没什么争议。“大泽乡”是个过于有名的地理和历史名词，关于其背景，无须过多介绍，读者可自行重温《史记·陈涉世家》。

陈胜吴广起义旧址的涉故台位于西寺坡镇（今为大泽乡镇）南七千米、蕲县东六千米处。据台旁东南侧宿县人民政府1988年所立《重修涉故台碑》记载：“遗址形如覆斗，东西长六十七点六米，南北宽六十五点五米。一九四八年尚存寺庙钟楼、明清残碑，后当地人民政府置涉故台小学于其上。”1961年被命名为省重点文物保护单位。1986年落成陈胜、吴广雕像纪念碑。雕像精选湖南双峰县大理石，通高11米，地上9米，自重120吨。1991年在台之东南百十米外，建陈列馆“鸿鹄苑”，门楹处张爱萍将军题词在焉：“义旗动天地，丰碑照日月。”尽管展室内部空空如也，但其位置却也令人联想起吴广篝火狐鸣处那个杂草丛生的古祠。

涉故台侧面图

两千二百余年前，那九百个亡命之人“袒右，称大楚，为坛而盟”，其筑起的，真的就是眼前这座土台？这个秋天，周围的农民们在园内遍晒玉米，不过也仅止于此，台上并未如其他无人关注乃至不受保护的古迹一样被植上玉米或桃树，而被丛生的苍耳所覆盖。台之东北角有石井，台前有老松及“柘龙树”。

“王侯将相，宁有种乎!”在公元前209年那个暴雨连天的七月，陈胜对着一群“失期当斩”的落魄戍卒高声呼喊，日后全世界却都听见了他的豪言。“亡亦死，举大计亦死。”——他不得不当一次冒险家；“死国可乎?!”——他是位英雄。

附清代邑人古诗一首：

蕲县怀古

山东知县　李心洁　玉卿

仗义何人气不磨，茫茫大泽起干戈。
虎狼纵据函关险，狐鬼偏鸣野寺多。
斩木首摧秦社稷，揭竿终启汉山河。
王侯将相原无种，咤叱风云发楚歌。

时村老街

濉河、奎河交汇于时村，交通便利。光绪《宿州志》载："时村北大桥，在州东七十里，奎河穿股入睢，专赖此桥宣泄。"清初，通往东海的盐道从这里经过，刺激了商业发展，并出现了源发号、大圣堂等老字号，为宿州东北重镇，道光三年增设巡检。清代晚期，匪患对地方摧残较为严重。

上世纪的时村老街

同治年间，州绅曾力争在此设收养局："同治六年，岁大饥，周田畴谒英果敏公于颍上，陈疾苦，英谕立收养局，凡贫民少妇处女就食者，册造其姓氏里居，入局豢养，老妪执炊，苍头司户，虽亲族不得擅入。妇女坐卧皆重席，器皿务清洁。周田畴董其事，一局设睢溪，一局设时村，自春徂夏，四阅月蒇事。英果敏公捐廉四千缗有奇，保全妇女七百余口，分董者马孝廉（家芳）、陈茂才（尚滋）。是年，麦秀双歧，岁丰。”情景颇为动人，体现了地域属于儒家的道德教化、风貌之一斑。

时村老街位于宿州埇桥区时村镇。建于明末清初，老街原为“井”字形。老北街原长300米，两侧房屋多为青砖黑瓦构造，屋脊隆起。占地约3万平方米。20世纪初，尚存有店面120间、堂楼30间、正厅21间、厢房70间，为这一地区少有的具有皖北地域风格的建筑群落，一度堪称清代内地商业集镇的活标本。

即将消逝的时村老街

1986年，有作者还能“走完四道街，知道是颇规矩的井字街”。而且“老街的情调没有被破坏，这种对文物卓有成效的保护，是明智的”。

2008年出版的《安徽旅游大辞典》说：“现仅存老北街。”

2016年1月，有记者撰文写道：“由于多年来缺少保护，如今破败湮灭，老街即将毁坏殆尽。”

时村老街僻巷一瞥

在老街即将没入历史的夕阳中的今天，如果你去时村，还能最后看到老街北街西头的三两家店铺，木柱石础，青砖黑瓦，门板内有着砖垒起来石灰泥白的柜台，很高的店前石阶，迎着午后的阳光，几位戴毡帽吸旱烟的老者在店门内外悠然闲坐，让你想起留驻在时光那头的20世纪70年代。还有秋叶正红的深巷老宅，贴着斑驳古旧的青砖墙，秋阳下的爬山虎绿瘦红肥。

古龙泉寺

在褚兰九女坟山头向南望，那些姿形柔和的、连绵的小山，往东南十余里后，更兼之以国有林场，汇聚在老海寺一带，形成此处山深境幽、林泉环绕的优越环境。

古龙泉寺俗称“老海寺”。其所在的山则不载于光绪《宿州志》中，州志在这一带只提及“栏岭寺（在栏杆集）”。原因是当时这里属于徐州萧县。

嘉庆《萧县志》卷七《乡镇》：“暑兰店——《府志》：在县东南七十里。”在其卷首的《萧县全境图》中：“暑兰”的位置显示是在与灵璧和

古龙泉寺大殿

宿州及铜山的交界处。同治《徐州府志》卷二《舆地图·萧县境图》中，同样的位置，“暑兰”地名已变为“褚兰”，以南包括时村均在其县域内，其东南十六里与宿州交界处的凤凰山，应即今老海寺一带山脉，也在其图中。但在嘉庆《萧县志》卷七《寺庙》中，却并未提及此寺，或许因为此地远离县治，不太为人所知，抑或当时处于荒圮的状态吧。

据1985年娄天劲编著《宿县文化志》：“老海寺原名龙泉寺。清乾隆年间，有住持僧名海龙，善棋，技高一时。相与往来之众，遂以老海呼之，后成习惯，为老海寺。旧寺山门仍有‘龙泉寺’三个古字，至今犹存。”

又云：“老海寺建寺年代无可查考。根据明正德十一年（1516）重修碑文记述，在明宣宗年间（1426），有僧名诚翥号大空者，由凤阳皇陵梵刹访道游于宿县北石城村（石相）东古刹龙泉寺，爱其山水，请诸檀越，遂住持龙泉寺。芟棘榛以立廊房，剪云根而竖殿宇。新塑圣容，则满堂金碧交辉；栽松筑圃，则前后幡然一新。洪慈普济，百姓焚修，诵经悟禅，暮鼓晨钟，龙泉寺又极一时之盛。”

《重修龙泉寺碑记》古碑如今仍在，文字清晰，结尾有“正德十一年，岁在丙子，孟秋月吉日重修”字样。此外还有同治六年丁卯冬所立古碑。有的古碑则龟裂漫漶，几不可辨。其上，均有特殊年代留下的历史疤痕。

除了农历新年初一等一年中不多的几日，这里野山寂寥。譬如这个十一月中旬的秋日，山寒泉清，后山闲置的大殿前香炉锈驳，满山的黄叶和红叶，香火寥落，菩萨金身黯蚀。寺前的两株古银杏树树叶青黄，再过数天才会变得金黄。

古龙泉寺一角

九 女 坟

九女坟以南的山，姿形连绵而柔缓，山一程水一程。古人选择了在这处山地最北的小山顶造坟。

此处现在虽属宿州埇桥区褚兰乡，但距离汉文化的重镇徐州仅二十余千米（在萧县境内，还发现有更多的画像石）。

褚兰镇东、南、西三面冈峦绵延，北面地势平坦开阔。传说中的九女坟，实为一座规模较大的东汉晚期画像石墓，于1956年秋由安徽省博物馆发掘，是国内考古发掘较早且较知名的汉画像石墓。该墓坐落在镇子西南的墓山孜上，离镇约1.5千米。九女坟在山顶的中部，地位高敞，墓冢突

九女坟

兀。发掘前，墓前面南部尚有石砌享堂，但破坏惨重，仅存几块大石。由于水土流失和人为的破坏，发掘时墓顶的石块已露出地面。此墓早年被盗，前室顶盖的南半边已被揭掉，室内堆积泥土碎石约有1米厚。墓室全系大石块建造，比较坚固，虽经盗掘，仍基本完好。有关九女坟的由来，传说不一。

墓室由双甬道、横前室、双后室和一个耳室组成。墓门向西。中室长3.35米，宽1.9米，高2.7米，四壁皆为画像石刻，平底剔花，布局对称。计14幅。内容有歌舞、饮宴、祈祷、车马出行等。

九女坟在考古发掘过后按其原样复原，但由于墓顶覆土较少，以致墓内常年积水较深。1986年，安徽省文化厅文物局拨出专款于地下修7米甬道，地面建房，下通甬道，墓顶覆土加高1.5米，解决了墓内积水问题，以利保护，便于参观。因此，九女坟今天外部为一圆土堆，当年挖掘时残存的墓垣也早已荡然无存。

九女坟内画像石

又于墓山孜西南山脚下发现另一座汉画像石墓，这座墓在耕地中，距离九女坟约0.5千米。该墓也于早年被盗掘，破坏比较严重，墓室顶全部拆除，墓冢几成平地。墓室南侧有一石祠，很像昔日农村的土地庙，当地群众称为“石屋子”。祠顶已失，墙壁上部残缺。祠内及门旁满刻画像。后壁正中镌刻一方小墓碑，碑记已残但字迹可辨，隶书阴刻，知此墓是“辟阳胡元壬墓”，建于东汉灵帝建宁四年（171）。此墓为一单室墓，墓壁皆为画像石刻。鉴于墓室破坏严重，不宜置于旷野，故将此墓的石祠和墓室中的画像石全部运回安徽省博物馆收藏。该墓画像石刻内容、风格、技法皆与九女坟略同，因此九女坟的年代当与此墓相距不远。九女坟及胡元壬墓的画像石刻对研究东汉时期的政治、经济、文化及绘画艺术提供了实物资料。1961 年 7 月，安徽省人民委员会公布前者为重点文物保护单位。

（有关“九女坟”的详细资料，可参见王步毅先生的《安徽宿县褚兰汉画像石墓》一文，作者来自安徽省文物考古研究所，1956 年秋天主持了对这两座画像石墓的考古发掘工作）

林探花府

林探花府建筑是目前淮北地区保存完好，而且集砖、木、石材料合一的古建筑群，位于杨庄乡林庄村，是清代探花林方标的府第，当地人习称“探花府”。原属徐州铜山县，故不见于光绪《宿州志》。据同治《徐州府志》，林方标是清嘉庆庚午科（嘉庆十五年，1810）武举，辛未科（嘉庆十六年，1811）武进士（探花）。曾任浙江衢州镇总兵，署浙江提督。

林探花府

探花府的始建者林方标，字锦堂，生年不详，大约生于乾隆时期，卒于同治年间。其幼年时，父母双亡，随哥嫂度日，家境贫寒。林方标少时力大过人，又善使兵器，武艺高强。其所用大刀有三个重量级别，分别为

360千克、240千克及160千克。日常练武用重量级大刀，出征时用轻量级大刀。因武功获得功名。据道光《铜山县志》十三卷《选举·武科·国朝武进士》：“林方标，探花，现任甘肃甘州提标，城守参将，差赴塔尔巴哈台屯防。”清同治《徐州府志》八卷《科举篇》载：“林方标，嘉庆辛未（1811）科探花，浙江衢州总兵，署浙江提督。”

清史虽无林方标传略，但并不能据此判定他为“一般军事将领”。清制，官员五品以上者得授诰命，六品以下得授敕命。清代总兵是绿营兵（汉兵）的高级统将，仅次于提督。据《历代职官表》（清黄本骥编）：总兵为正二品官。由此可见，林方标堪称清代地方高级武官。

邳州博物馆馆藏清道光二十五年（1845）十月十五日圣旨，称“浙江衢州镇总兵林方标，谋猷克壮，材艺兼优，早执锐以披坚；久司军旅，乃建牙而仗节。遂总戎麾。裘带从容，功信成于樽俎；车徒整练，势俨并于金汤。爰贲宠纶，俾膺嘉奖。兹以覃恩授尔为武显将军，锡之诰命。”诰命称“浙江衢州镇总兵林方标”，“署”是暂代官职，因此其“署浙江提督”大概是此后的事。称林方标妻王氏“毓质名闺，作嫔右族。恪恭当室，率礼法于珩璜；黾勉相夫，树勋名于帷幄。特颁令典，俾闻徽音。兹以覃恩封爵为夫人”。

林探花府为五开间三进院。东院是探花府主院，有前后四进建筑。西院为后期续建，为三进院。占地面积为1500平方米。院内各设有兵器室，对厅、厢房、通道、堂楼等。东院房屋46间，西院房屋35间，合计81间。堂楼后设有花园、鱼池、习武场地等。相传正门曾悬“敕建探花府”匾额，拴马柱、上马石、旗杆、演武场等一应俱全。

探花府一度是队里的粮站，也因此得以保存，只是如今没有了往昔人居的繁华与烟火，仿佛失去了回忆和生气。其至今尚未开发保护，令人感到惋惜。平日大门紧锁，游人亦无从入内参观。

1988年，林探花府被列为宿州市重点文物保护单位。

皮日休墓

新旧两《唐书》都未给皮日休立传。

皮日休（约840—约883），晚唐著名文学家，字逸少，后改袭美。襄阳竟陵（今属湖北省天门市）人，出身寒门。早年隐居鹿门山，自号鹿门子，又号闲气布衣、醉吟先生。咸通八年（867）登进士第，咸通十年（869）为苏州刺史从事，与陆龟蒙相识，并与之唱和，人称“皮陆”。其后又入京为太常博士，出为毗陵副使。僖宗乾符五年（878），黄巢军下江浙，皮日休为黄巢所得。黄巢入长安称帝，皮日休任翰林学士。

陆游曰：“据《该闻录》载：‘皮日休陷黄巢为翰林学士，巢败被诛。’”关于皮日休最终的结局，诸家多采纳此说。

他与宿州的关系，则见于州志中的如下记载：

光绪《宿州志》卷四《舆地志·陵墓》：

“唐皮日休墓，在顺河集睢河北岸，石门尚存，题曰‘皮日休之墓’。”

光绪《宿州志》卷二十《人物志四·流寓》：

“皮日休，字袭美，襄阳人，由进士累官宰相。负诗名，一时推皮、陆、温、李为晚唐四才子。大中末（约859），移家宿之符离，与陆鲁望为契交，有《和白菊》诗。卒葬睢水北岸，今顺河集北有皮日休墓。”

但翻检今人整理之《皮日休年谱会笺》，未找到直接的证据表明其曾寓居宿州。

咸通十年己丑（869），皮日休二十九岁，八月，进士陆龟蒙以业见造，彼此结为诗友。据《宿州志》卷三十四《艺文志·诗词》，有：

寓居宿州和陆鲁望白菊作

皮日休

已过重阳半月天，琅华千点照寒烟。
蕊香亦似浮金靥，花样还如镂玉钱。
玩影冯妃堪比艳，炼形萧史好争妍。
无由摘向牙箱里，飞上方诸赠列仙。

但在北宋史铸的《百菊集谱》中，该诗诗题只作《白菊》，在康熙《御定全唐诗》（卷六百十四）中，诗题只作《奉和鲁望白菊》，未见“宿州”字样。

皮日休与宿州的关系，只得留待进一步研究。笔者亦未去找他在宿州睢河北岸的坟以及坟前的石门，这成为本书中唯一未经实地踏察过的景观。原因是感觉希望渺茫，因为笔者从未看到过一张关于宿州皮日休墓石门的照片；再看看符离那些被挖残的山和人口稠密的村镇；也是唐代的白居易在睢河南岸的荡然无痕的东林故居，很难相信那个石门还会留存到今天。

附郡人吊怀诗一首：

吊皮日休墓

张谦光　庠生

唐相年深迹尚留，松门飒飒不胜秋。
衣冠半没寒烟里，姓字犹悬古渡头。
剩墨一函和月冷，旅坟三尺抱云流。
遥思鲁望倡酬日，满眼渔蓑拥钓舟。

皮日休或与宿州有关之诗六首：

汴河怀古（二首）

（一）

万艘龙舸绿丝间，载到扬州尽不还。
应是天教开汴水，一千余里地无山。

（二）

尽道隋亡为此河，至今千里赖通波。
若无水殿龙舟事，共禹论功不较多。

秋夜有怀

梦里忧身泣，觉来衣尚湿。骨肉煎我心，不是谋生急。
如何欲佐主，功名未成立。处世既孤特，传家无承袭。
明朝走梁楚，步步出门涩。如何一寸心，千愁万愁入。

白太傅

吾爱白乐天，逸才生自然。谁谓辞翰器，乃是经纶贤。
欻从浮艳诗，作得典诰篇。立身百行足，为文六艺全。
清望逸内署，直声惊谏垣。所刺必有思，所临必可传。
忘形任诗酒，寄傲遍林泉。所望标文柄，所希持化权。
何期遇訾毁，中道多左迁。天下皆汲汲，乐天独怡然。
天下皆闷闷，乐天独舍旃。高吟辞两掖，清啸罢三川。
处世似孤鹤，遗荣同脱蝉。仕若不得志，可为龟镜焉。

贫居秋日

亭午头未冠，端坐独愁予。
贫家烟爨稀，灶底阴虫语。
门小愧车马，廪空惭雀鼠。
尽室未寒衣，机声羡邻女。

闲夜酒醒

醒来山月高，孤枕群书里，
酒渴漫思茶，山童呼不起。

徐 王 墓

徐王，光绪《宿州志》曰："公马姓，行二，前明孝慈高皇后父。"其墓则在"洪武四年建设，祀丞二员主之，王之亲武氏至今蕃衍。"

徐王墓地形

距离他的家乡夹沟镇北的辛丰村约 1.5 千米，向西越过 206 国道和京沪线，顺着铁路线旁的田边小道向北，再向西，站在跨越第二条京沪线的桥上，即可一览徐王墓的概貌，其方位如同州志所述："徐王墓，在州北闵乡丰山左、龟山右，"只是，如今早已不见了"外垣周九里许，坟户九十二"的盛况。

《高皇帝谕徐王庙碑》将马皇后之父徐王的大致生平，及为其作新庙于故里茔封之南的缘由，说得相当清楚。

洪武四年夏六月丙申，帝御皇宫门，召礼部尚书臣陶凯，谕之曰："皇后父徐王马氏，世为宿州人，家闵子乡新丰里。王本民家，素质朴，以兄弟齿序，人称之曰马某。王少壮时膂力过人，沉毅寡言语，重然诺而性刚强疾恶，见有为不义者视之若仇雠，然或少忤其志辄肆殴击，虽至死无所畏惮，乡人莫敢犯。当元政失驭，天下将乱，王以忿争杀人，恐逮于法，移家定远。及天下大乱，乃挈皇后母避兵他所，而以皇后托定远郭氏，俾育为己女。后郭氏首难，自为元帅，收乡民为兵，朕亦为部下士，遂以皇后为朕之配。朕既定天下，即皇帝位，皇后正位中宫，封皇后父徐王，母郑氏为徐王夫人，以他无继嗣，因立庙于太庙之东，岁时奉祭。然稽诸典礼，古无其义，于是即王所居乡里，辟地于茔封之南作新庙，奉安神主，每岁以春秋仲月，俾有司祗奉祠事。尔宜述其梗概，刻诸坚珉，用垂不朽。"

万历重臣、兵部尚书李化龙路经此地，则作有《徐王坟》诗："松杉十里卷秋涛，山势重围碧殿高。霜露满庭深院闭，居人指点说先朝。"其时，距陵寝建成已有二百余年了，方圆十里的松柏早已长成为粗大的老树，秋风掠过，松涛阵阵，掩映着寝殿的红墙绿瓦，深深的院庭阒寂无人。

"徐园芳树"曾为清代宿州八景之一，曾任潜山训导的州人李心锐赋诗曰："寝殿巍然在，园高树树芳。恩波缘马后，汤沐①赠徐王。竹影摇风翠，松花带雨香。苻离谁吊古，墓上几斜阳。"李心锐曾经为光绪《宿州志》作序，即《重修宿州志序》，落款为"光绪十五年，岁次已丑，夏五，郡人李心锐谨撰"。据此可知其大致的生活年代。亦即在光绪年间，时人还可以看到墓园遗存的寝殿、古树、竹林、周围丘陵上松花绽结的松林，这一切，在2010年，皆荡然无存，除了隐约的地形，了无痕迹，甚至远不如东北方13里外建于宋代的闵祠，尚还有着萧瑟的祠院，令人感叹国戚和圣者间祀承长短的殊异：

① 指"汤沐邑"，国君、皇后、公主等收取赋税的私邑。

……顾瞻国戚茔，缔造昔何美。

丹垩竟剥落，墙垣亦颓圮。

三叹未及终，日落西山紫。（清·吕振《闵子里》）

附光绪《宿州志》卷十一《官爵志·封爵》：

武忠，州人，行四，伟躯铁面，长眉皓齿，高皇后之表舅也。后随徐王避难时，忠有阿保①功。洪武初，求而得之版筑②间。谒太祖，大喜，称为奇男子，命奉徐王祀。敕云："尔勿谓官小，与国同休。"赐公田三百六十顷、学户二十四家、鸡园五十亩。又拨闵子乡地五百八十顷以供祭祀。一岁七祭，以武氏祖配焉。永乐七年，帝北巡，道宿州，亲谒祠下，命拓展墙垣、增植树木。守冢武戡为建阳镇抚，犯法逮至，责而宥之。十五年，帝复亲祭，以戡为徐州卫指挥佥事。崇祯四年，十六代奉祀武增光奏于朝，重修享殿。九年，流寇过宿州，居民尽逃，祀丞武一谔谓："职司林木，当以死守。"同妻路氏及子孙阖门罹难。有司上其事于朝，旌表之。

陪谒徐王庙

泰和　杨士奇　少师

闵子乡中询父老，徐王庙下驻旂旄。

庙前山势如鸾凤，万古涂山相对高。

① 阿保：保护养育。《汉书·宣帝纪》："故人下至郡邸狱复作尝有阿保之功，皆受官禄田宅财物，各以恩深浅报之。"颜师古注引臣瓒曰："阿，倚；保，养也。"

② 版筑：意为当时武忠在民间做泥水匠，帮人筑墙。可参考《孟子·告子》下："傅说举于版筑之间。"

永乐帝与夹沟

在夹沟乡五柳景区之南、龙脊山左的一个乡路的十字路口，人车稀少，矗立着一尊永乐帝跃马而立的塑像。

我们从永乐年间的礼部尚书王英描写夹沟的一首诗开始，来考察明成祖朱棣与夹沟在行踪上的地理关系。当然，首先得提一下，夹沟是这位皇帝有些疑义的姥姥家（关于朱棣的生母究竟是谁至今是一个谜），以及姥爷的茔封所在。不过，无论是朱棣本人，还是在正史中，都称他是孝慈马皇后所生，《明史·成祖本纪》是这么说的："……太祖第四子也，母孝慈高皇后，洪武三年，封燕王，十三年之藩北平。"系正宫皇后所生嫡子，

五柳南的永乐帝塑像

而非庶出，这在他与侄儿建文帝朱允炆争夺帝位的战争中，在名分上至关重要。因此，对于夹沟——正宫孝慈马皇后的故乡，他一定有着复杂的情感。

春日扈跸①夹沟夜宿

金溪　王英　尚书

初雨过符离，云霞望欲迷。垂鞭信马去，随辇听莺啼。

山绕行云外，溪回帐殿西。夜深闻鼓角，天近月华低。

《明史·列传第四十》载："王英，字时彦，金溪人。永乐二年进士。选庶吉士，读书文渊阁。帝察其慎密，令与王直书机密文字。与修《太祖实录》，授翰林院修撰，进侍读。二十年，扈从北征。"永乐二年二月，会试取四百七十人，王英即为其中一员，因此，他能够有资格得以"扈跸"，必是在这次会试登科之后，但也不会是传中所记永乐二十年，扈从北征那次。

夹沟镇东平原小山景色

永乐帝曾五次北征，永乐八年第一次北征，以后又于永乐十二年、二十年、二十一年、二十二年进行了四次北征。不过，这些北征都是以北京为据点而言的，即使是发生在永乐十九年迁都北京前的八年、十二年的北征，也不是劳师动众从京城南京出发的，而是永乐帝先行北巡至北京，这

① 扈跸：随侍皇帝出行至某处。

也可以解释在这两次北征前一年，即永乐七年和永乐十一年，分别记载有两次“北巡”。因此，王英列传中所记“二十年，扈从北征”，已是发生在迁都北京之后，更不会经过夹沟。

又据诗中所述，这次出行是先过符离，再宿夹沟，因此路线是由南向北，据朱棣年表，在永乐年间，这位皇帝向北至少有四次可能经过夹沟，分别是于永乐七年、十一、十五年北巡北京，永乐十九年则是迁都北京。那么，这首诗到底写于哪一年呢？

记载更详细的《明实录·太宗文皇帝实录》卷一百八十七中说得明白：“永乐十五年夏四月丁巳朔，车驾次凤阳，亲祀皇陵，是日享太庙，命皇太子行礼。庚申，车驾次大店，北京广平府邯郸县民诣行在，言县累岁水灾，田穑不收，而有司征刍粮如故，民多流徙，乞以钞币折收。上曰：‘民既乏食，钞帛何从出？’命户部核实蠲之。壬戌，车驾次夹沟，亲祀徐王坟，以镇抚武勘为徐州卫指挥佥事，守王坟。”

实际上，据《明实录》记载，明成祖有两次亲到徐王坟，另一次是在“永乐十四年冬十月壬申，车驾次夹沟，亲视徐王坟”。不过是“自北京还”，路线是相反的。因此，王英写这首诗的时间当是永乐十五年的春天。

在做皇帝之前，这位皇四子因为被封在北平做燕王的缘故，从洪武十三年（1380）21岁开始，就频繁在南京和北京间奔走，在洪武三十一年朱元璋病卒前，仅据其年表记载，至少有九个单趟。建文年间，又以“靖难”之名出师，于建文四年同官军在宿灵一带鏖战。

如今，历史的烽烟和权谋俱成往事，夹沟依然是那处风景清丽的乡土。

在夹沟镇东即将掰获的玉米地里宿营，一夜植物的清香，星辰清亮，像是早年农耕时代的风景，土地宁静，地平线干净。后来发现山之东方的平原正是1961年建场的夹沟农场的所在，或许正因为此，它还依稀保留着20世纪七八十年代的风貌和气息。其中或许蕴藏着可以怀旧的农业和生态旅游资源。尽管我并未深入到真正的农场区，只是登上矮山远眺，但它的气息已然如波涛，轻拍而来。但愿此地不要失去这种风貌。如今，夹沟农场并不经营任何旅游项目。

附古诗两首：

夹 沟

永丰 曾 棨 学士

东风吹暖柳枝柔，十里青山绕夹沟。
马上逢人相借问，计程两驿到徐州。

夹沟道中

吴道凝 进士

风日满清泠，轻帆出野汀。
几湾流水白，一点远山青。
漠漠荒烟绕，萋萋衰草腥。
传烽遗戍鼓，旅客正难听。

芳 岩 寺

光绪《宿州志》中，只有“芳岩山”“芳岩寺”，而不见“大方寺”。大方寺寺内现有《重修大方寺缘起》募施牌，云：“大方寺，古名芳岩寺。”姑从之。

州志曰：“芳岩山，山极幽深，岩谷之间，花木芳馥，故名。距城六十里，在夹沟集。”“芳岩寺，在离山西北，有牛鼻泉、老寿泉诸胜。”如今，寺在宿州与淮北交界处的龙脊山东南。

龙脊山东南大方寺一带山景远瞰

芳岩寺看来久已有之，因为清末邑人即已称其为“古寺”——“古寺深藏不计年”。其四面环山，山中林木多样，幽荫蓊蔚，只是大树似乎不多，或是多为后来补栽。

大方寺及门前的古青檀树

芳岩寺位于深山中，但进山路线不同，则山势或有所不同。从淮北方向接近，则山路较为平缓，但距离较远，从山外的榴园村一路行来，有五千米之遥。但古诗的作者——这些宿州的邑绅应该是从州城所在的东南方向进山，这就要翻越较为陡峭的尖山。这条路线直至今日几乎都无径可循，也许是这个原因，才导致他们在诗中一再提到路程的高险吧，所谓“参差万树随峰转，高下千岩对面看”。

这一带山色层峦深秀，“四围山色锁晴烟”，从山中水库之西岸向东望，则林霭沉沉，山裙叠汇，岚雾轻锁，宛若水墨山水。

“攒云老树绿撑天”的古树仍在，大方寺现仅存所谓“大殿”三间，南北厢房数间，惟其寺外这数株千年青檀古树参天，才使其不至于显得过于伧陋。

附清代关于芳岩寺的古诗数首：

芳岩寺

郡人　贾　迁　明经

不识山中路，扶筇面面疑。孤烟冲小径，群鹿战长嵋。

树隐如人立，云开觉磴移。春声响落木，渐喜见荆篱。

芳岩寺

永城　吕　振　进士

独坐岩前石，高歌送落晖。幽花通涧里，空翠湿人衣。
风急钟声远，林深雀影稀。暮山天路迴，云际一僧归。

游芳岩寺

郡人　丁　津　国学

袅袅丹梯日影悬，上方宫在白云端。
参差万树随峰转，高下千岩对面看。
鸟语泉流觉地净，松花茗叶伴僧餐。
夕阳归路重回首，钟鼓声传隔晚峦。

春游芳岩寺

郡人　李心锐

四围山色锁晴烟，古寺深藏不计年。
著雨野花红染地，攒云老树绿撑天。
月临梵宇僧皆佛，春到禅林鸟亦仙。
我入上方心便远，烹茶留客座生莲。

五　柳

五柳风景应和隋唐之际的诗人、隐士王绩的名字联系在一起，尽管这或许只是一个悠久的传说。

五柳山水

王绩，绛州人。大业中，为六合丞。解官隐符离以北、辛丰以西之山麓，结庐东皋上，号“东皋子”。唐高祖初，待诏门下省；贞观间，引疾罢，仍还东皋。卒葬武里山下。（光绪《宿州志》卷二十《人物志四·流寓》）

王绩（585—644），字无功，绛州龙门（今山西河津）人，是隋末大儒王通的弟弟。性嗜酒，著《五斗先生传》，有《东皋子集》五卷。

所谓“东皋”，陶渊明《归去来兮辞》云：“登东皋以舒啸，临清流而赋诗。”王绩以“东皋”自号，或因慕陶潜其人。结合现实地形来讲，东，应指泉源所在之塔山以东；皋，意为水边地，结合王绩曾作有《夜还东溪》诗，因此，其结庐地点大致应是东溪边，今五柳公园内，当时没有拦水成库，只有东溪潺潺。除了在宅阶前种有石竹花，他更“松栽一当伴，柳种五为名”（《新园旦坐》）。或许同样是因为追慕陶潜而栽下的这五株柳树，日后成为“大五柳”，后来地即以此为名。

五柳

五柳林泉丰富，“当阶逆涌泉”（《春日山庄言志》），水色山光里，王绩经常负锸外出采药；在六月请人调神曲，在秋天采集松叶，在来年春天泡出金黄的松叶酒。他长于射覆（酒令之一，指善饮），雅好弹琴，在松间月明，泉咽石上的山夜，常常抚琴而坐，“长歌怀采薇”（《野望》）。只是地处僻静，王绩一人独居于此，和牧樵不相识，与土人更不来往，“从来山水韵，不使俗人闻”（《山夜调琴》）。因此，常常要寂寞独对整个春天，一人独饮独醉独梦，“旦逐刘伶去，宵随毕卓眠”（《戏题卜铺壁》）。秋日刘黍夜归，偶尔在月圆萤飞的田边，遇到某位引为同类的隐士，便感觉很喜悦（《秋夜喜遇王处士》）。在提前给自己写好的《墓志铭》中，无疑体现出一种道家的狂放和清醒。

白乐天寓符离东林草堂之时，亦日与“符离五子”同泛陴湖，游流沟、武里诸胜。

我在初秋的一天傍晚独自抵达五柳公园对岸，露营于通往湖中闸房的水上栈道，一夜犬吠声此起彼伏。但早晨6点的晨雾中，相看对面五柳诸山如晨妆的女仙，那一刻，其淡妆之美，不亚西子。

案，光绪《宿州志》应为多人所撰，且统稿时亦有疏忽，写“武里非五柳辨”的作者，明显未细看州志前文曾记载过的王绩其人事迹，所以语多含混，事多牵强，而整体看来，似均未读过王绩的《新园旦坐》诗：

州北境有武里村，又有武里山，相传唐时有武里先生居此得名。其西北萧境有陶墟，乃汉末徐州牧陶谦遗迹也。土人误传为陶渊明所居，因以武里村为五柳村，以武里山侧古邱为五柳先生墓尤误。渊明隐居柴桑，去宿殊远，非若昌黎、乐天曾居于宿，各有诗文可据也。（光绪《宿州志》卷三十六《杂类志·辨讹·武里非五柳辨》）

武里山，距城七十五里，在闵贤集，山下有武里村，地甚清幽，唐白香山尝游此，俗作“五柳”（光绪《宿州志》卷三《舆地志二·山川》）。

唐五斗先生墓，在今五柳集龙泉寺之前。先生名王绩，绛州人，由六合丞辞官隐苻离北山，结庐东皋，自号“东皋子”。唐高祖初，待诏门下省。性嗜酒，著《五斗先生传》。贞观间以疾罢，仍还东皋，卒葬武里北山下，俗讹为“五柳先生”（光绪《宿州志》卷四《舆地志三·陵墓》）。

闵　祠

闵祠

据光绪《宿州志》载：

闵损，字子骞，其先鲁人，后居宋相邑之东，德行为七十子之冠。州境有闵孝乡、闵子墓。唐开元八年，从祀孔子庙；宋祥符元年，封费国公，有“几圣”之褒；前明又给其守墓裔孙衣巾奉祀；本朝重道崇儒，命其裔孙之在鲁者世袭五经博士；康熙四十四年，圣祖仁皇帝赐额曰“德行之科”，遣江南学政、内阁学士张廷枢颁悬宿州闵子祠，以致崇敬，俾裔孙之在宿者世奉祠祭。（光绪《宿州志》卷十七《人物志·名贤》）

闵子祠，一行祠在东关，一正祠在州北七十里闵子乡，旧祠元末兵毁，遗址仅存。明成化间，知州万本重建；万历十九年，知州陈条重修，巡按御史赡祀地三百亩置奉祀生。国朝顺治五年，准奉祀生两名；嘉庆十九年，知州刘用锡详请膳修；遭咸丰兵燹，祠田当出二顷零七亩。庆钊到任，于光绪四年劝当户武延书等将产退回，春秋由学官轮往致祭，又于光绪十三年详立祀生，奉部覆准，……。东关行祠每年两仲丁祭后，官属致祭，牲用少牢。（光绪《宿州志》卷四《舆地志·坛庙》）

闵子墓在州北七十里，闵子乡骞山之南。（光绪《宿州志》卷四《舆地志·陵墓》）

晒书台，在闵子墓侧，相传闵子晒书处。（光绪《宿州志》卷四《舆地志·古迹》）

关于孔门高第闵子骞的出身和身世，由于史料匮乏，加之年代久远，至今没有定说，尽管有民间传说曰“鞭打芦花”发生地在今宿州萧县南三十里，堀坊村西北八里处，但客观地说，其生与卒在宿州的可能性皆不大，但从民俗与地域文化的角度来看，这并不攸关。

至少在明中叶，宿州就有“闵孝乡”。

闵祠

在《高皇帝谕徐王庙碑》中，“洪武四年夏六月丙申，帝御皇宫门，召礼部尚书臣陶凯，谕之曰：‘皇后父徐王马氏，世为宿州人，家闵子乡新丰里。’”则显示至少在元末，宿州就有“闵子乡”。《古今列女传》卷一：“太祖孝慈昭宪至仁文德承天顺圣高皇后马氏，其先自宋太保默家于宿州闵子乡新丰里，世豪里中，父马公，性刚直……。”则使闵子乡的来历可进一步提前到宋代。那么宿州闵祠的出现，也至少不会晚于宋代。

还另有一史料可资佐证，元代费县尹邵显祖在《重修费公闵子祠记》[①]中写道：“间与士大夫考溯芳迹，宇内之有闵子墓者，一在凤之宿州，一在濮之范县，要以历下之高原为确。”文章的时间落款为元至元元年仲春。元代曾有两次以至元为年号，据光绪《费县志》卷三《职官表》载，邵显祖乃是元世祖忽必烈至元元年（1264）担任的费县县尹，如此，则同样说明宿州的闵子骞墓与祠至少修于宋代，且在宋元之际已有一定知名度。

纵览中古以来的历史，唐玄宗努力复兴儒学，追封孔子为文宣王，对孔子后裔加官晋爵，这位孔门先贤官方地位中古以来的显著提升，应自唐开元八年，从祀孔庙开始，以后宋祥符元年，又封费国公，有“几圣”之褒。因此，笔者推测，宿州闵墓及祠的修建，也应是那时在这种官方话语的影响下开始的。尤其是程朱理学（新儒学）在明代取得了官方哲学的地位，明代中期至末年，以礼仪道德治国，“中国两千年来以道德代替法制，至明代而极”（黄仁宇《万历十五年》）。也因此，你会看到州志中以明代官员对宿州闵祠的态度最为虔敬。（参见学使闵度《先贤闵子世袭五经博士疏》，及巡按高举《重修先贤闵子祠记》）。

清代，康熙帝弘扬道统，以儒学治国，康熙四十四年，御书“德行之科”匾额，颁悬宿州闵子祠。

作为往日帝国孝与道的象征，今天的闵祠，方位与景况不可与往昔同日而语，用四百年前万历年间的知州李化龙的诗句来形容，也差不太多：“闵子祠堂官道西，芦花满地草萋萋”，或云“祠宇湫隘、俎豆阙略”。在夏日里，闵祠古柏苍黯，庭院寂寂，屋脊上长满野草，随风摇曳。

---

① 费县地方史志编纂委员会办公室．费县旧志资料汇编．1993：112。

附：

重修先贤闵子祠记（节选）

巡按 明·高 举 进士

客岁，予行役甬上。去城百里许，稍折而西，林木郁葱，有阜岿然；前有祠，颓垣不治，枝蔓缘缀。问谁所，土人曰："此先贤闵子墓也。"予因披茸取道、诣祠肃拜，环视壁石、剔藓伫读，为慨然曰："斯吾夫子徒而微具体者也，祠若之何不治？"已问祠所自始，土人未知置对；考州乘，亦莫祥所自，其可磨碎考者，则学大夫司马君亜、内台使者顾君佐、台使者苏君佑、学大夫闻人君诠，后先有事斯祠。

夫闵，鲁人也，今汶上齐州率有祠，而齐州祠则苏子由为之记，宿何以又祠？志曰："宿在春秋故隶鲁"，——斯墓之称闵所由来矣。出祠循东麓而行，有山蜿蝘绵亘里许，舆人指示予曰："此骞山，骞所游耶。"循西麓而行，有溪淙淙，浅流细石戛金玉声，舆人指曰："洗絮沟，闵儿时絮所濯耶。"南顾而左，复有山，山曰"两子"；有村，村曰"摸儿寒"。今厥山侣踶似语，岂后人存闵之孝为之号以志耶？登山坂四睇：田畴相望、万井鳞鳞、烟日晃荡，濒城曰闵子集，濒埜曰闵子乡，又曰孝义乡，岂称孝、称弟无间于父母昆弟之遗地耶？又里许，有台崔巍，陡峭数仞，相传"晒书台"，以视墓若屏而立者。既低回去甬，予因下檄曰：其为我新若祠。越明年，按宿，再过其地，而祠事告成，覆碑有亭，迎神有路，享神有厨，供祀有田，圭田凡百有六十亩，岁时伏腊则属之闵学闵可敬，诸缮治且备。

闵子里

永城 清·吕 振 进士

朝辞宿州城，行行渡睢水。云是古符离，破屋丛荆杞。

向午至夹沟，凋残复尔尔。顾瞻国戚茔，缔造昔何美。

丹垩竟剥落，墙垣亦颓圮。三叹未及终，日落西山紫。
仆夫为予言，今霄宿闵子。我闻重叹息，兹名伊谁始。
闵子古大贤，姓字垂青史。下马拜祠墓，肃焉景芳轨。
曷忍舆隶辈，直斥其姓氏。我欲增一字，伐石树荒市。
敬告后来人，称曰闵子里。

镇　头　寺

镇头寺，东距徐王墓有一山之隔，北距皇藏峪景区亦隔一山。

东、西、北面皆山，数山环抱之中，林畴相望，湖水如镜。西则有“镇头寺”，其“烟寺晨钟”为州志中“宿州八景”之一。清末，邑绅有诗记之：

烟寺晨钟

李心锐

红尘飞不到，古寺锁秋烟。塔影浮空界，钟声度晓天。

敲残僧带梦，惊醒鹤参禅。谁向云中听，悠然断复连。

镇头寺

流沟山水

光绪《宿州志》曰："镇头寺，有珍珠泉自寺院流出，寺前又一泉合流，溉稻数百顷。"唐代，寺名应为"流沟寺"，今称"镇头寺"，或因近镇头村也；今又呼为"大龙泉寺"，明代天启年间亦名"龙泉寺"，或为与以南数里外之五柳故龙泉寺相上下？

"珍珠泉，在镇头寺，由寺院流出，与寺前一泉合流，溉田数百亩，产稻最佳。"泉今仍在，自寺墙下石涵中流出，只是此泉如今似称"呵泉"，或为另一泉之名？不载于州志，不详。方圆一带所产"香稻米"，今仍有名。

州志又曰："镇头寺沟，自本寺前泉起，东至黄疃村，又东南至夹沟界入板桥沟，约长三千丈，口宽二丈，底一丈，深三尺。"黄疃村名及村庄，今犹在焉，只是，泉水在寺东里许被一道堤坝拦起，形成水库，沟如今则不知焉在，只见有当地土人在寺东一箭之地，匆忙盖起又废置的夹路平楼数十间。寺中常年有人养蜂，山寺花开，则蜜蜂嗡营。2003 年新建的大殿亦称巍峨，只是建成后未用即弃，山风穿空殿，枯枝堆寂阶，将成旧殿矣。

暮春三月，登寺之后山远眺，桃红李白，菜花灿然，麦秀于野。

这处云闲泉静的山寺与白居易的名字亦联系在一起：

乱后过流沟寺

白居易

九月徐州新战后，悲风杀气满山河。
唯有流沟山下寺，门前依旧白云多。

该诗在《白氏长庆集》及清朝康熙年间的《御定全唐诗》中均有收录。

流沟，或即指今夹沟镇。贞元十六年（800）二月，白居易进士及第，一番奔波后，去了饶州浮梁长兄白幼文任所，在“黟歙之间”又遇见了在符离当主簿的六兄，心情比较愉快，在浮梁一直住到了秋天才走。当他回到符离时大约已是九月了，时正值徐泗濠节度使、徐州刺史张建封卒，徐州军乱之后，符离埇桥曾发生激战，面对满目战乱景象，诗人感慨万端，写了两首诗。其一即为这首《乱后过流沟寺》。另一首是：

题流沟寺古松

烟叶葱茏苍麈尾，霜皮剥落紫龙鳞。
欲知松老看尘壁，死却题诗几许人。

实际上，流沟一带的山水是白居易村居符离，伏案苦读之余，与诸文友经常信马而来，诗酒盘桓之地，他还曾翻过寺后的北山，发现了山后的朱陈村，欣羡于古村民风的淳厚与生活的简朴。

唐代诗人张祜（约 792—854，字承吉，清河人。初寓姑苏，后至长安，受元稹排挤，遂至淮南，爱丹阳曲阿地，即隐居以终。一生“性爱山水，多游名寺”，所到之处“往往题咏唱绝”。有《张处士诗集》）亦曾题诗：

题徐州流沟寺

古寺层层结构劳，土冈前面峻如濠。
露云竹翠石桥冷，风起松声山殿高。
日色动廊开木槿，夜阴生院结蒲桃。
西龛禅客不相得，一片旧阶行几遭。

寺内有古碑，镌“重修碑记”，碑上镌刻“大明国直隶凤阳府宿州城北闵子乡新丰集徐王陵西镇头村龙泉禅寺”字样，落款时间为“天启甲子(1624)岁次冬月吉日立”。

朱 陈 村

江州三载，白居易虽曾流连于陶潜的乡居，但他笔下的桃花源却是宿州山地的朱陈村（在萧县）。朱陈村，其名之流传，也肇始于白氏的同名诗。

苏轼亦曾在其诗作中提到朱陈村：

陈季常所蓄朱陈村嫁娶图二首

苏 轼

其 一

何年顾陆丹青手，画作《朱陈嫁娶图》。

闻道一村惟两姓，不将门户买崔卢。

其 二

我是朱陈旧使君，劝农曾入杏花村。

而今风物那堪画，县吏催钱夜打门。

陈季常（陈公弼之少子），是苏轼的同乡兼朋友，北宋隐士，其父便是弃高官不做、求知宿州、架虹桥、兴水利、造福一方、为宿州人民世代传颂的陈希亮：

庆历中，陈希亮守宿，以汴桥屡坏，率尝损官舟害人，乃命法青州所作飞桥。至今汾、汴皆飞桥，为往来之利，俗曰“虹桥”。

——宋·王辟之《渑水燕谈录》卷八《事志》

陈希亮，知宿州，跨汴水为飞桥，以便往来，赐缣褒奖，仍下其法，自畿邑至泗州皆仿之。

——光绪《宿州志》卷十二《官爵志·职官》

朱陈村（今草场村一带）俯瞰

陈季常藏有《朱陈村嫁娶图》画作一卷，拿到黄州请苏轼观赏。苏轼曾为徐州太守，当时包括朱陈村在内的埇桥北部均在其治下，并且亲自去过朱陈村，一见此画，旧情勃发，遂有此诗。

清初学者查慎行的《苏诗补注》注曰：“《名胜志》：‘朱陈村距萧县东南百里，杏花村与朱陈村相连。’”

宋·陈景沂《全芳备祖集·前集卷十》：“徐州古丰县朱陈村有杏花一百二十里，近有人为德庆户曹，道过此村，其花尚无恙也。”

笔者认为，朱陈村在今天为与流沟寺一山之隔的草场村，面对皇藏峪，在宋代属徐州萧县。说朱陈村在徐州丰县，这一说法是站不住脚的。“古丰县”的说法，仅见于朱陈村一诗和白居易祭悼其外祖母的《唐故坊州鄜城县尉陈府君夫人白氏墓志铭》中，称其“疾殁于徐州古丰县官舍”，但在其去世后，“权窆于符离县之南偏”，可见这是一处距符离不远的地方，而且，居易兄弟居于符离，其父在徐州做官，其官舍不太可能南辕北辙地置于丰县。“古丰县”的说法，或是从“新丰县”而来：“苻离，古地，……后魏武定六年（548）改为睢州睢南郡，领县二，曰斛城，曰新丰，后齐因之。隋开皇三年，州郡之名废，复为县，又省竹邑入焉，属彭城郡。唐隶徐州，贞观元年，省诸阳入焉；元和间，隶宿州；太和后，州治曾徙于此。”距离白居易那时，已有二百多年，他有时称其地为“古丰县”，也没何不妥，且地理位置位于符离与徐州之间，便于季庚照料家人。而且在白居易之外祖父陈润的履历中，查不到在丰县做官的记录；也没有任何关于白居易之父白季庚及白居易本人与丰县之间亲戚往来的记录，白居易无由去往徐州西北的丰县。遍索古籍，也从来没人把丰县称为古丰县。从地理地形上看，丰县全境无山，与朱陈村的山村环境不符。

朱陈村头

明人撰《徐氏笔精》卷五：“朱陈村事见白乐天诗，按，《徐州志》亦不详所在。”

在宋元两朝的诗人笔下，朱陈村不时出现，南宋刘辰翁的《水调歌头(和彭明叔七夕)》中：“不见古时月，何似汉时秋，朱陈村里新样，新妇又骑牛。”元代滕安上《东庵集》：“岁时来往要难老，留春曾作朱陈村。”元傅与砺《徐州》诗：“朱陈村远思遗俗，楚汉台荒想故墟。”

在《徐霞客游记》中，朱陈村与桃花源是并称的。

附：

朱陈村

徐州古丰县，有村曰朱陈。去县百余里，桑麻青氛氲。
机梭声札札，牛驴走纭纭。女汲涧中水，男采山上薪。
县远官事少，山深人俗淳。有财不行商，有丁不入军。
家家守村业，头白不出门。生为村之民，死为村之尘。
田中老与幼，相见何欣欣。一村唯两姓，世世为婚姻。
亲疏居有族，少长游有群。黄鸡与白酒，欢会不隔旬。
生者不远别，嫁娶先近邻。死者不远葬，坟墓多绕村。
既安生与死，不苦形与神。所以多寿考，往往见玄孙。
我生礼义乡，少小孤且贫。徒学辨是非，只自取辛勤。
世法贵名教，士人重冠婚。以此自桎梏，信为大谬人。
十岁解读书，十五能属文。二十举秀才，三十为谏臣。
下有妻子累，上有君亲恩。承家与事国，望此不肖身。
忆昨旅游初，迨今十五春。孤舟三适楚，羸马四经秦。
昼行有饥色，夜寝无安魂。东西不暂住，来往若浮云。
离乱失故乡，骨肉多散分。江南与江北，各有平生亲。
平生终日别，逝者隔年闻。朝忧卧至暮，夕哭坐达晨。
悲火烧心曲，愁霜侵鬓根。一生苦如此，长羡村中民。

白居易与宿州

案：笔者特地参考经典，将相关内容融合进一个关于白居易的简明年表中，以利读者在一个大的人生框架下，了解诗人及其与宿州山水、乡土的关系。亦将白居易与湘灵的情感经历按时间顺序，糅在了他的生平中，以利读者作一个贯通的了解。

白居易于大历七年（772）正月二十日生于新郑，并在这里度过了快乐的童年，他手足四人：长兄白幼文（同父异母），三弟白行简，四弟白幼美。同从兄弟也很多，偶尔在白居易的诗文中提及，但无资料可考。他的父祖辈大都明经出身，而官阶不高。

建中二年（781），白居易父亲白季庚与徐州都团练观察使李洧坚守徐州有功，受朝廷嘉奖，自彭城令诏授朝散大夫，拜本州别驾。

建中三年（782），李希烈叛乱，四年（783）春，陷汝州，四月，攻陷汴州，新郑离汴州较近，白季庚的家人受战火威胁，终于迁至其任所徐州符离去了。这一年，白居易十二岁。

贞元元年（785），白季庚任期将满，德宗认为他干练多才，决定继续留任，朝命加检校大理少卿，依前徐州别驾当道团练判官，仍知州事。白季庚受命之后，白居易只身往江南漫游去了。这时，他的叔父白季康任溧水令，十五兄任乌江簿，为他的漫游提供了物质条件。贞元二年（786），白居易十五岁，作《江南送北客因凭寄徐州兄弟书》诗，诗云："故园望断欲何如？楚水吴山万里余。今日因君访兄弟，数行乡泪一封书。"同一年，他还写过一首《除夜寄弟妹》。诗中充满思乡和手足之情，并将符离称为"故园"，可见符离在诗人心里已经是故乡之地了。

贞元四年（788），白季庚任满，改除大理少卿兼衢州别驾。在江南漫游的白居易就有了依靠。

贞元六年（790）的春天，白居易归思愈重，大约年末，他回到符离私第，这是诗人第二次到符离。其后三年，白居易是在符离度过的，每天“昼课赋，夜课书，间又课诗”（《与元九书》卷二十八），以至“口舌成疮，手肘成胝”。当时诗人族兄任符离主簿，在符离还有几位可一起游玩和切磋诗文的朋友。州志载：“白居易，字乐天，号香山居士，太原人。少时东游徐泗，寓符离东林之草堂。日与刘翕习、张仲远、张美退、贾握中、贾沅犀诸人同泛陴湖，游流沟、武里诸胜，诗酒盘桓，居五载。”

贞元九年（793），白居易离开符离，随侍父亲于襄州别驾任所。

贞元十年（794）五月，父季庚卒于襄阳官舍，白居易无力将其灵柩运回原籍安葬，只得权窆在襄阳城南，然后护送家人回到符离，丁忧三年。重回故里，踏入故宅门，睹物思人，其思亲之情令人动容。

欲入中门泪满巾，庭花无主两回春。
轩窗帘幕皆依旧，只是堂前欠一人。

——《重到毓村宅有感》

之后的四年里，白居易一直在符离度过，除了继续苦读，诗人还发生了一段恋爱故事。姑娘叫湘灵，与白家是邻居，详细情况不得而知，但从白居易这一时期的几首诗中，可以一窥端倪。

娉婷十五胜天仙，白日姮娥旱地莲。
何处闲教鹦鹉语，碧纱窗下绣床前。

——《邻女》

这位湘灵姑娘尽管出身平民，但天生丽质，芳姿天真，当时十五岁，而诗人此时已至少十九岁了，所以，两人相差至少四岁。

艳质无由见，寒衾不可亲。
何堪最长夜，俱作独眠人。

——《冬至夜怀湘灵》

贞元十四年（798）秋天，诗人在南下寻求科考出路前，可能为避江淮水患（可参考权德舆在贞元十四年作《论江淮水灾上疏》），先将母亲送至洛阳，一路愁思万种，写下了《寄湘灵》：

泪眼凌寒冻不流，每经高处即回头。
遥知别后西楼上，应凭阑干独自愁。

——《寄湘灵》

诗中无限的悲愁不是平常的离愁，应是诗人明确知道两人不可能在一起后，才能有的近乎失恋般的绝望痛彻。今后，在羁旅人生的路上，诗人不经意间就会想起乃至梦见湘灵，所谓“平生忆念消磨尽，昨夜因何入梦来”（《梦旧》）。而且他最富于悠长的浪漫气息的诗（词）章，多是关于这段青春恋情的，洋溢着那浓郁惆怅的相思之情。

汴水流，泗水流，流到瓜洲古渡头，吴山点点愁。
思悠悠，恨悠悠，恨到归时方始休，月明人倚楼。

——《长相思》

若干年后，当他的伤情不再如当初那么浓烈，平静下来后，便转化为一种持久的惆怅、感伤与迷惘：

惆怅时节晚，两情千里同。
离忧不散处，庭树正秋风。
燕影动归翼，蕙香销故丛。
佳期与芳岁，牢落两成空。

——《感秋寄远》

这首诗中“两情”“蕙香”是专用于两性间与女性的词，所以这应是一首诗人写给一生唯一的恋人湘灵的诗，也因此，从标题与内容看，我们有理由认为下面这首据说约作于长庆初的《寄远》亦如是：

欲忘忘未得，欲去去无由。
两腋不生翅，二毛空满头。
坐看新落叶，行上最高楼。

暝色无边际，茫茫尽眼愁。

——《寄远》

多年以后，在江州司马任上，44 岁的白居易翻晒服饰器物时，其中依然保存着二十年前符离东邻女孩湘灵赠他的一双绣履。这些年来，诗人辗转东西，却一直随身携带，而从未忘情于纯洁多情的湘灵！

中庭晒服玩，忽见故乡履。
昔赠我者谁？东邻婵娟子。
因思赠时语："特用结终始。
永愿如履綦，双行复双止。"
自吾谪江郡，漂荡三千里；
为感长情人，提携同到此。
今朝一惆怅，反复看未已。
人只履犹双，何曾得相似。
可嗟复可惜，锦表绣为里。
况经梅雨来，色黯花草死。

——《感情》

这对有情人为何难成眷属？"唐人最为重视的事，除仕宦外，便是婚姻。"① 同豪门联姻，可使仕途前景大为光明，攀附高门的婚姻已成唐朝士人的一个梦想和心结。在此种背景下，很可能是由于门第的原因，使得两人相守无望。与他的这段刻骨铭心的情感生活相关的诗歌此外还有不少，如《夜雨有念》《花非花》等。

白居易是一位现实主义的伟大诗人，但在情感上，却也执着深情、细腻感伤，比同为现实主义巨匠的杜甫在年轻时代似乎要浪漫许多，而这一切，有幸是符离这片土地赐予他的！

贞元十四年（798），27 岁的诗人满怀心事和愁苦，南下浮梁（今景德镇），投奔时任浮梁主簿的长兄白幼文处，寻求出路：

---

① 王汝涛．唐代小说与唐代政治．长沙：岳麓书社，2005：200。

将之饶州，江浦夜泊

明月满深浦，愁人卧孤舟。
烦冤寝不得，夏夜长于秋。
苦乏衣食资，远为江海游。
光阴坐迟暮，乡国行阻修。
身病向鄱阳，家贫寄徐州。
前事与后事，岂堪心并忧。
忧来起长望，但见江水流。
云树霭苍苍，烟波淡悠悠。
故园迷处所，一念堪白头。

贞元十五年春，白居易在溧水参加完当地的“乡试”后，从浮梁回过一次洛阳，长兄“分微禄以归养”寡母，命他“负米而还乡”，路线是“自鄱阳而归洛阳”。秋初，诗人又赶回浮梁，因为白幼文已经替他办好参加宣州（今宣城）“州试”的手续。诗人考中后，又被宣城太守“贡”往长安参加进士试去了。

这一年，居易功名未定，羁旅奔波，在旅途中一个月明影孤的夜晚，感伤于兄弟分散，作诗寄意：

自河南经乱，关内阻饥，兄弟离散，各在一处，
因望月有感，聊书所怀，寄上浮梁大兄、
於潜七兄、乌江十五兄，兼示符离及下邽弟妹

时难年荒世业空，弟兄羁旅各西东。
田园寥落干戈后，骨肉流离道路中。
吊影分为千里雁，辞根散作九秋蓬。
共看明月应垂泪，一夜乡心五处同。

贞元十六年（800）二月，白居易进士及第，匆匆离开长安，返回洛阳看望病中的母亲，并应又将家人迁回了符离（否则，无法解释其外祖母在这一年为何逝于徐州古丰县官舍，及其之后在符离的长住）。不久，他又去了宣城，拜谢刺史崔衍的“贡举”之情，随即去饶州浮梁长兄白幼文任所，在“黟歙之间”又遇见了在符离当主簿的六兄，心情比较愉快，在浮梁一直住到了秋天才走。

当他回到符离时大约已是九月了，时正值徐泗濠节度使、徐州刺史张建封卒，徐州军乱之后，符离埇桥曾发生激战，面对满目战乱景象，诗人感慨万端，写了两首诗。其一为上文所录的《乱后过流沟寺》，另一首是《题流沟寺古松》：“烟叶葱茏苍麈尾，霜皮剥落紫龙鳞。欲知松老看尘壁，死却题诗几许人。”

白居易回到符离，为迎接拔萃科的考试，不敢稍懈，依然埋头攻读。

贞元十七年（801）春，他的六兄符离主簿病故，他亲为营葬，祭文中有句云：“既卜远日，就宅新阡；春草之中，画为墓田。濉水南岸，苻离东偏；其地则迩，其别终天。惟弟与家人，俨拜哭於车前（《祭符离六兄文》，《白香山集》卷二十三）。居易十五兄乌江主簿白逸又不幸病逝。他赶往宣州料理白逸丧事。白居易料理白逸丧葬毕再次回到符离，居住一年左右。

白居易这次归来，若说是为湘灵才归来的，有点儿过分。但他在符离安静地住下来，而且住了将近十个月，不能不说是为了湘灵。这年深秋，他启程往河北漫游，为了参加拔萃科的考试，他不得不走。离家远行，当然难过，但使他最感痛苦的还是与湘灵的分别。他写过一首《生离别》诗，字里行间充满了对湘灵的依恋：

食檗不易食梅难，檗能苦兮梅能酸。
未如生别之为难，苦在心兮酸在肝。
晨鸡再鸣残月没，征马连嘶行人出。
回看骨肉哭一声，梅酸檗苦甘如蜜。
黄河水白黄云秋，行人河边相对愁。
天寒野旷何处宿，棠梨叶战风飕飕。

生离别，生离别，忧从中来无断绝。

忧极心劳血气衰，未年三十生白发。

贞元十八年（802），诗人回到长安，贞元十九年（803）三月，参加了书判拔萃科考试，试后，由吏部授为秘书省的校书郎。深秋，白居易决定回符离搬家，路经许昌，曾经小住。他的三叔父白季轸是这年春天，从徐州士曹改调为许昌令的。到了符离后，也许受湘灵的牵扯，住到第二年春初，才举家西迁。

贞元二十年（804）二月，在赛神鼓中，白居易全家离开了埇桥。从外州州县迁往长安，应该是件愉快的事，可是白居易最为痛苦，主要是与湘灵的离开，他俩明明知道，此地一别，再无见期。临行前，诗人暗地里与湘灵道别，写下了这首《潜别离》：

不得哭，潜别离。

不得语，暗相思。

两心之外无人知。

深笼夜锁独栖鸟，利剑春断连理枝。

河水虽浊有清日，乌头虽黑有白时。

唯有潜离与暗别，彼此甘心无后期。

事实恰如白居易和湘灵所预想的一样，这次分别以后，他们终生再也没有见面。

元和元年（806）四月，科举考试后，白居易奉命为周至县尉。这一年，他三十五岁。这一年的十二月，白居易写下了他第一首长诗——《长恨歌》。

元和二年（807）春天，白居易再也忍受不住孤独的生活，他对与湘灵成婚的事已经完全绝望，去年秋天曾托人带给她一首诗，即那首我们上文提到的《感秋寄远》，表示自己已无能为力：“佳期与芳岁，牢落两成空。”即指此事说的。正值春光摇荡的季节，白居易说出了自己的心里话：“少府无妻春寂寞，花开将尔当夫人。”（见《戏题新栽蔷薇》，《白香山集》卷十三）。这时候，他似乎已经属意于杨汝士的妹妹。约在这一年的初冬，白居易奉命调为集贤校理。十一月，经考试授翰林学士。

元和三年（808），约在春天，白居易完婚。诏授左拾遗、仍充翰林学士，虽仅为从八品上的小官，但地位极重要，白居易在任上亦是位疾恶如仇的忠直谏臣。

这年冬天的一个傍晚，白居易从翰林院下直回来，在新昌坊住宅的门前，遇见了刘五主簿（即“符离五子”中的刘翕习），这是十五年前的老朋友，连忙让到屋里，茶酒相待。两人秉烛夜谈，不禁回忆起当年在埇桥为了应试，一起读书、游玩的情景。可是，刘五“犹著青袍作选人”，依然是到处漂泊，青云无路。谈到这里，白居易不能不归之于命运了，所以他会说“谁会茫茫天地意?”刘五走时，白居易殷勤相送，临岐依依，他为“知贤不能举”而感到不安。可是在当时的炎凉世态之中，一个小小的左拾遗，是力不从心的啊!

刘五主簿的身世和下落，《宿州志》亦有所记载：“刘翕习，苻离人，住城内北巷。性孤介，善属文，与同县二张、二贾为知名士，时称‘苻离五子’。太原白居易携弟敏中游楚、宋时，寓苻离东林草堂，相友善，尝秋夜联句、泛陴湖、游武里诸山，白公应制西行，赋三十韵诗送之。登贞元初进士，出为岐阳主簿，位不称才，郁郁辞官去，有《秦中行路吟》一篇寄白公。归隐于县之北武里前，不复仕。”

我们之所以能够较为具体地知道诗人这次与符离故交相逢的情景，是因为白居易留下了一首很长的诗——《醉后走笔酬刘五主簿长句之赠，兼简张大、贾二十四先辈昆季》：

刘兄文高行孤立，十五年前名翕习。
是时相遇在符离，我年二十君三十。
得意忘年心迹亲，寓居同县日知闻。
衡门寂寞朝寻我，古寺萧条暮访君。
朝来暮去多携手，穷巷贫居何所有。
秋灯夜写联句诗，春雪朝倾煖寒酒。
陴湖绿爱白鸥飞，濉水清怜红鲤肥。
偶语闲攀芳树立，相扶醉蹋落花归。

张贾弟兄同里巷，乘闲数数来相访。
雨天连宿草堂中，月夜徐行石桥上。
我年渐长忽自惊，镜中冉冉髭须生。
心畏后时同励志，身牵前事各求名。
问我栖栖何所适，乡人荐为鹿鸣客。
二千里外谢交游，三十韵诗慰行役。
出门可怜唯一身，敝裘瘦马入咸秦。
鼕鼕街鼓红尘闇，晚到长安无主人。
二贾二张与余弟，驱车逦迤来相继。
操词握赋为干戈，锋锐森然胜气多。
齐入文场同苦战，五人十载九登科。
二张得隽名居甲，美退争雄重告捷。
棠棣辉荣并桂枝，芝兰芬馥和荆叶。
唯有沅犀屈未伸，握中自谓骇鸡珍。
三年不鸣鸣必大，岂独骇鸡当骇人。
元和运启千年圣，同遇明时余最幸。
始辞秘阁吏王畿，遽列谏垣升禁闱。
蹇步何堪鸣珮玉，衰容不称著朝衣。
阊阖晨开朝百辟，冕旒不动香烟碧。
步登龙尾上虚空，立去天颜无咫尺。
宫花似雪从乘舆，禁月如霜坐直庐。
身贱每惊随内宴，才微常愧草天书。
晚松寒竹新昌第，职居密近门多闭。
日暮银台下直回，故人到门门暂开。
回头下马一相顾，尘土满衣何处来。
敛手炎凉叙未毕，先说旧山今悔出。
岐阳旅宦少欢娱，江左羁游费时日。
赠我一篇行路吟，吟之句句披沙金。
岁月徒催白发貌，泥涂不屈青云心。

谁谓茫茫天地意，短才获用长才弃。
我随鹓鹭入烟云，谬上丹墀为近臣。
君同鸾凤棲荆棘，犹著青袍作选人。
惆怅知贤不能荐，徒为出入蓬莱殿。
月惭谏纸二百张，岁愧俸钱三十万。
大底浮荣何足道，几度相逢即身老。
且倾斗酒慰羁愁，重话符离问旧游。
北巷邻居几家去，东林旧院何人住。
武里村花落复开，流沟山色应如故。
感此酬君千字诗，醉中分手又何之。
须知通塞寻常事，莫叹浮沉先后时。
慷慨临岐重相勉，殷勤别后加餐饭。
君不见买臣衣锦还故乡，五十身荣未为晚。

元和五年（810）夏初，白居易左拾遗的任期届满，改官京兆府户曹参军，仍为翰林学士，俸禄优厚，家境富裕起来，但政治处境随着进士集团领袖人物裴垍中风辞去相位，变得黯淡起来。

元和六年（811）四月三日，诗人母亲陈夫人病逝于长安宣平里第，白居易辞官扶柩回到下邽。不料之后不久，诗人的爱女，三岁的金銮子又病死。这一年，诗人历经坎坷，“几许平生欢，无限骨肉恩。结为肠间痛，聚作鼻头辛。悲来四肢缓，泣尽双眸昏。所以年四十，心如七十人。”（《自觉》二首）这年十月，白居易把寄厝在下邽下邑里的祖父白锽的灵柩和权窆在襄阳的父亲的灵柩，亦分别安葬在下邽县义津乡北原新购的茔地。

元和七年（813）秋天，夜雨连绵，那种凄清的况味易使人怀念早年温暖美好的恋人，诗人又想起了千里外的湘灵：

我有所念人，隔在远远乡。
我有所感事，结在深深肠。
乡远去不得，无日不瞻望。
肠深解不得，无夕不思量。

况此残灯夜，独宿在空堂。

秋天殊未晓，风雨正苍苍。

不学头陀法，前心安可忘。

——（《夜雨》，见《白香山集》卷十）

元和八年（813）二月，诗人借母丧丁忧之际，将寄葬在符离的外祖母陈白氏及四弟白幼美的灵柩，也迁回下邽。

元和九年（814），诗人丁忧三年期满，期间课诗精勤，其中不乏有名作《游悟真寺诗》等。但这段时间无俸禄，生活渐趋困窘，服除后数月，在崔群等友人的帮助下，是年末，开始了太子左赞善大夫的工作，这是一个不得过问朝政的宫官。六月，因讨伐淮西、宰相武元衡被刺事，白居易直上封章，被贬为江州司马。

元和十年（815），作有《逢旧》：

我梳白发添新恨，君扫青蛾减旧容。

应被傍人怪惆怅，少年离别老相逢。

朱金城《白居易集笺校》："作于元和十年（815），长安至江州途中。"谢思炜《白居易诗集校注》："据诗意，此旧人为女子，此诗亦透露诗人早年情事。"

元和十一年（816）秋初，长兄白幼文从宿州符离来到江州，随行一起来的还有族中的"孤幼弟侄"六七人。看来白幼文因病已不能从政，似乎一直住在符离家中养病。在江州没住多久，便回下邽故里去了。这次人数众多的迁移，可能是经济上的原因，但无诗文可证。长兄的来临，使得诗人在精神上得到很大的安慰。他在给崔群的答信中说："前月中长兄从宿州来，又孤幼弟侄六七人皆自远至，日有粝食，岁有粗衣，饥寒获同，骨肉相保，此亦委顺之外，益自安也。"

元和十一年（816）的秋天，诗人送客至湓浦口，遇一琵琶歌伎，因"年长色衰，委身为贾人妇"，空船独守，感其"漂泊憔悴"的不幸遭遇，同时联想起自己的迁谪生活，诗人写下了有名的长诗——《琵琶行》。这一年，白居易添了一个女儿罗子。元和十二年（817）的春天，香炉峰下草堂成，诗人有一半的时间都在寂寥的山居中度过。五月，白居易长兄白幼文在下邽故里病故。

元和十三年（818）十二月二十日，白居易奉诏除为忠州刺史，白行简同行。诗人途中作《江州赴忠州至江陵已来舟中示舍弟五十韵》，表明他思想的转变，今后三十年，他将“洁身自好”，不介入党争；同时，也不会再像任职左拾遗时代那样与恶势力坚决斗争，而只能在个人职权范围内尽可能做一些于人民有益的事。这一年，他四十八岁。

元和十五年（820）九月中旬，白居易诏拜司门员外郎，回到长安赴任；十二月二十八日，诏除为主客郎中、知制诰；长庆元年（821）夏天，加朝散大夫，方始“著绯”①；不久，又转上柱国，官阶日高；十月，诏除为中书舍人，一年间三迁官职。同时，初秋之时，其弟白行简也诏除左拾遗。长庆二年（822），裴度与元稹朋党倾轧，两人被一齐罢相，诗人苦于应付，迫切离开“是非之地”，决定“乞求外任”。七月十四日，诏除杭州刺史，对于能够到杭州作太守，诗人非常高兴，约七月末，白居易心情愉快地离开了长安：“我心本无乡，心安是归处。”（《初出城留别》）时值汴州宣武军作乱，汴河不通，不得不改道襄、汉。八月上旬，诗人路过江州，视草堂如故。十月一日，诗人到达了杭州。上任伊始，即勤于政事，他疏通井水，增筑湖堤，蓄水灌田；公余假日，则游宴于山水官舍。此时，元稹升任浙东观察使，任所在会稽，两人唱酬不辍；李穰为苏州刺史，与白居易也有诗歌往还。后来，又有崔玄亮出任湖州刺史，他与元稹、白居易本是同科出身，现在三人郡治相连，不能不说是一件盛事。刺史任期将满之时，回顾三年的生活，他很满意，并确认自己“隐于朝市”的道路，是正确的。长庆四年（824）五月，刺史秩满，启程那天，城内和四乡的居民，扶老携幼，“壶浆满别筵”，前来欢送。白居易此次返程“行行弄云水，步步近乡国”，是从汴河经行埇桥，趁便寻访了居留此地的弟侄辈，目睹旧业衰敝景象，白居易有不胜今昔的感慨：

① 绯：红色。唐制：文武官员三品以上服紫，金玉带；四品服深绯；五品服浅绯，并金带。见《旧唐书·舆服志》。

埇桥旧业

别业埇城北，抛来二十春。
改移新迳路，变换旧村邻。
有税田畴薄，无官弟侄贫。
田园何用问，强半属他人。

是年秋初，白居易领着全家老小回到洛阳，于履道里购得故散骑常侍杨凭宅，竹木池馆，有林泉之致。给宰相牛僧孺写了一首诗——《求分司东都寄牛相公十韵》，借其之力得到了分司东都的诏命。

宝历元年（825）三月四日，诏除苏州刺史，二十九日由东都启程，再次经汴河，在五月五日到达苏州，他一如既往地勤于政事，同时又能利用公假暇日“乐吾身”。这时，诗人三弟白行简加朝散大夫，也可以著绯了。宝历二年（826）春夏，诗人犯眼疾，日久不愈，决定休官罢郡，开始“百日长告”，十月初，白居易离开了苏州，向洛阳进发。是年冬，白行简去世。太和元年（827）正月底，白居易回到洛阳，三月，奉诏除为秘书监，一个从三品的官，掌管国家的经籍图书，他稍事休整，到长安赴任。第二年，又升为刑部侍郎，但宦官专权，却使得他“吏隐”的意志更坚定了。太和三年（829）春天，白居易“百日长告”，免去刑部侍郎，诏授太子宾客分司东都，春尽夏初，白居易回到了洛阳，此后没有再回过长安。太和四年（830）冬天，白居易被诏除为河南尹。太和五年（831）夏，白居易唯一的儿子阿崔病死；七月二十二日，元稹又在武昌得暴病而死；八月，曾几次在失意的逆境中帮助他的崔群病故。太和七年（833）四月，白居易河南尹秩满，再授太子宾客分司东都。七月，崔玄亮病死于虢州。太和九年（835）十月，白居易迁官为太子少傅分司，是年，有“甘露之变”。诗人之后的晚年生活总的来说是知足愉适的。开成四年（839）十月间，得风疾。会昌二年（842）春，白居易百日长告假满，循例太子少傅官停，官俸随之亦无，靠卖田宅度日。会昌三年，在牛僧孺的帮助下，得以刑部尚书致仕，有了“半俸”，生活更加恣意。他和香山僧结香火社，白衣鸠杖，往来于洛阳与香山之间，自号“香山居士”。会昌六年（846）三月，白敏中拜相；入春后，白居易身体日弱一日，延至八月，溘然病逝。那一年，诗人七十五岁。

后　记

骑行中笔者经过许多村镇，除了那些风中流转的风景外，印象较深的，是匆匆与数位百姓有过的问答，他们年纪越长，则对人越是和蔼、温厚、热情，令人感到这片大地上老礼与古风仍在焉；也目睹过个别流离老者的不幸，但奈何了解他们的生活与哀乐，却并不是本书的题旨，只能留待以后有机会开启“口述史”与“乡村社会学”之类的调研，以便一方面积累些文学与历史文化的写作素材，另一方面从现实角度提供一些在乡村建设与治理方面“有补于政”的民情观察，这对这块乡村面积广大的农业区来说，其中应有许多值得做的工作。

限于有限的时间和学识水平，在内容上留下的许多遗憾，只能寄望于日后能有机会进一步扩充修订，不过好在地方文化研究本身也是一个需要长期累积的事业，在这付梓时的忐忑与惭愧间，唯盼本书对这一进程能有些小小的助益。

周　勇

2016年11月21日于宿州学院西区

图书在版编目(CIP)数据

宿州景观/周勇著．—合肥：合肥工业大学出版社，2017.8
（宿州历史文化丛书）
ISBN 978-7-5650-3530-2

Ⅰ.①宿… Ⅱ.①周… Ⅲ.①名胜古迹—介绍—宿州 Ⅳ.①K928.705.43

中国版本图书馆 CIP 数据核字(2017)第 219215 号

宿州景观

周 勇 著　　　　责任编辑 朱移山

出　版	合肥工业大学出版社	**版　次**	2017 年 8 月第 1 版
地　址	合肥市屯溪路 193 号	**印　次**	2017 年 11 月第 1 次印刷
邮　编	230009	**开　本**	710 毫米×1010 毫米 1/16
电　话	人文社科编辑部：0551-62903310	**印　张**	10.75
	市 场 营 销 部：0551-62903198	**字　数**	160 千字
网　址	www.hfutpress.com.cn	**印　刷**	合肥添彩包装有限公司
E-mail	hfutpress@163.com	**发　行**	全国新华书店

ISBN 978-7-5650-3530-2　　　　定价：30.00 元